目次

2　ようこそ『ピアノランド　スケール・モード・アル

本書をお使いいただくにあたって

スケール

- 3　スケールの練習方法
- 4　C major
- 6　A minor
- 8　G major
- 9　E minor
- 10　D major
- 11　B minor
- 12　A major
- 13　F♯ minor
- 14　E major
- 15　C♯ minor
- 16　B / C♭ major
- 17　G♯ / A♭ minor
- 18　G♭ / F♯ major
- 19　E♭ / D♯ minor
- 20　D♭ / C♯ major
- 21　B♭ / A♯ minor
- 22　A♭ major
- 23　F minor
- 24　E♭ major
- 25　C minor
- 26　B♭ major
- 27　G minor
- 28　F major
- 29　D minor
- 30　五度圏
- 32　半音階
- 33　全音音階
- 34　ディミニッシュトスケール
- 35　その他のスケール

モード

- 36　モードのしくみ
- 37　Cを中心音とするモード
- 38　Dを中心音とするモード
- 39　Eを中心音とするモード
- 40　Fを中心音とするモード
- 41　Gを中心音とするモード
- 42　Aを中心音とするモード
- 43　Bを中心音とするモード
- 44　D♭ / C♯を中心音とするモード
- 45　E♭ / D♯を中心音とするモード
- 46　F♯ / G♭を中心音とするモード
- 47　A♭ / G♯を中心音とするモード
- 48　B♭ / A♯を中心音とするモード

コード&アルペジオ

- 49　コード&アルペジオの練習方法
- 50　Cを根音とするコード&アルペジオ
- 52　D♭ / C♯を根音とするコード&アルペジオ
- 53　Dを根音とするコード&アルペジオ
- 54　E♭ / D♯を根音とするコード&アルペジオ
- 55　Eを根音とするコード&アルペジオ
- 56　Fを根音とするコード&アルペジオ
- 57　G♭ / F♯を根音とするコード&アルペジオ
- 58　Gを根音とするコード&アルペジオ
- 59　A♭ / G♯を根音とするコード&アルペジオ
- 60　Aを根音とするコード&アルペジオ
- 61　B♭ / A♯を根音とするコード&アルペジオ
- 62　Bを根音とするコード&アルペジオ

- 63　チェック表

ピアノランド
スケール・モード・アルペジオ

樹原涼子 著

音楽之友社

ようこそ『ピアノランド スケール・モード・アルペジオ』へ！

　『ピアノランド』シリーズがスタートして25周年を記念して、音楽の要素をしっかりと学べるスタンダードなテキストを作りました。テクニックは音楽を自由自在に表現するために必要なもので、日々磨いていくべきものですが、意味もわからず指を動かす習慣は「何も考えないで弾く人」を生み出してしまいます。私は、弾くたびに音楽的知識と感性が豊かになるようなテキストを作り、楽譜を見てよく考えて弾く人、自分の音をよく聴く人、真に美しい音を求める人を育てたいと願い、音楽的教養とテクニックの両立をと考えました。

　なにげなく弾いているスケールにはどんな種類があり、お互いにどんな関係があるのか。また、モード（教会旋法）はどんな雰囲気でどんな曲に使われているのか。アルペジオの指練習はしても元となるコードネームを意識したことがない人が多いので、「よく使われる12種類のコードの意味と響きの違い」を教え、自在にアドリブでも使えるように、と工夫を重ねました。これらのスケール、モード、アルペジオという音楽の素材に日々親しむことにより、子どもたちは自分でそれらを組み合わせて曲を作ることを覚えたり、即興演奏をしたりするように育っていきます。書かれたものを正確に弾くだけではなく、この本が新しい音楽を生み出していく土壌となるように指導していただければ幸いです。

　本書で学んだ人たちがよい耳を持ち、美しく知的な演奏ができるよう、さらにスケールやモード、コードの知識を深めたいとそれぞれの専門書に手が伸び、次の時代の作品を生み出していってくれたら本望です。

2016年7月　樹原涼子

本書をお使いいただくにあたって

【構成】本書は「スケール」「モード」「コード＆アルペジオ」の3部から構成され、これらの要素を「楽曲の中で、美しくストレスなく表現する力をつける」ために日常的に練習する教材です。

【手順】生徒がしくみを理解してから課題に取りかかれるよう、先生は手助けをしてください。

【レベル】初級、中級、上級それぞれのレベルで取り組むことができます。ポジション移動を学ぶ頃（バッハの小品や『ピアノランド③』『たのしいテクニック㊥』）からやさしい課題を始め、レベルに応じて範囲を広げます。

【課題の選び方】年齢や理解度、手の大きさ等により、学ぶ範囲を ステップ1 ステップ2 ステップ3 の3通り呈示しました（スケール3p, モード38p、コード＆アルペジオ49p）。指を無理に広げて手に負担をかけないよう、練習する課題や指づかい、テンポを選んでください。

【練習のヴァリエーション】リズムと強弱に関する課題はすべて共通で、表紙裏にあります。

【進度の確認】巻末のチェック表を用いて長いスタンスで勉強を進めてください。コードを学んだことがない方は、『耳を開く 聴きとり術 コード編』を参考にしてください。本書の内容とリンクしています。

練習のポイント

★脱力してリラックス　★響きをよく聴く　★「名前」「特徴」「響き」を覚える

★タッチポイントを意識して音色を作る　★練習は片手ずつ始める　★完成度を高めてから両手で弾く

★指づかいをいろいろ考えて試してみる　★指づかいを自分で楽譜に書き込む

★楽譜を見ないで弾いてみる　★目を閉じて弾いてみる　★脳から指に緻密に指令を出す

★すべての音をチェックできるテンポで練習　★コントロール不能のテンポでは弾かない

★つねに美しい音で弾く　★イメージ豊かに表現するためのテクニックであることを忘れない

スケールの練習方法
scale

長音階のしくみ

長調は、主音と属音から始まる2つのテトラコードが、全音の音程で連結されています。テトラコードを連結していくと五度圏のサークルができます（30pの五度圏参照）。長調はすべて、ハ長調にならって練習してください。表紙裏のリズム練習1～6、「光と影」の練習も、コントロールできるものから取り組みます。いずれも、*in tempo* での練習が基本です。年齢、手の大きさ、理解度によって、4、5pの手順（詳細は下記）の ステップ1 1か2まで、ステップ2 4まで、ステップ3 5まで等、取り組む範囲を決めてから練習しましょう。

ステップ1
1. テトラコードから導かれた長調を、指づかいを確認しながら美しく弾く。調の名前と音程関係を覚える。
2. 指づかいを書き込み、オクターヴユニゾンで弾く。カデンツ（ハノンと同じ）の左手は、単音でもオクターヴでもよい。ドミナントモーション（V_7 からの解決のエネルギー）を感じて終わる。

ステップ2
3. 名ピアニスト、ホルショフスキーが習慣にしていた反行形を使ったスケール練習。両側に離れていく、近づいていくエネルギーを表現する。無機的にならないように。カデンツのメロディラインを美しく弾く。
4. 離れた位置からスタートするスケール練習。カデンツは内声をデリケートに感じてバランスよく機能を表現する。

ステップ3
5. 3度、6度、5度、4度の音程を感じて弾くスケール練習を、下記の2通りで行う。
    【二声】両手で2つの音階が寄り添うようにレガートで演奏する。大きなフレーズのイメージで。
    【重音】片手ずつ、指定の指づかいで重音で、ノンレガートで演奏する。慣れたら両手奏を（黒鍵を含む調では瞬時に指の幅と高さを変える高度な練習となり、次の音への準備で音色が決まる）。

短音階のしくみ

ハ長調の第6音「ラ」を主音として音階を弾くと、イ短調の自然短音階となります。6、7pのイ短調で詳しく学んだ後は、見開きで平行調を学びます。年齢、手の大きさ、理解度によって、6、7pの手順（詳細は下記）の ステップ1 1まで、ステップ2 2まで、ステップ3 3&4まで等、取り組む範囲を決めてから練習しましょう。

ステップ1
1. 平行調のしくみを理解して指づかいの基本形を覚える。

ステップ2
2. 自然短音階、和声短音階、旋律短音階の名前と響きの違いを覚え、スムーズに弾けるようにする。

ステップ3
3. それぞれオクターヴユニゾンと反行形のスケール、またそれぞれのスケールの音を使ったカデンツを弾く。
    （9p以降の3は、自然短音階の反行形の楽譜を見ながら、変化音と指づかいを自力で考えるので、高度な練習となります）
4. 和声短音階のみ、3度、6度のハーモニーの練習をする。アウフタクトを意識して。

半音階、全音音階、ディミニッシュトスケール、その他のスケール

各スケールの半音と全音の並び方に着目しつつ、それぞれの特徴を大きく捉えながら、指だけではなく耳と脳で音程関係をマスターしていきます。世界には様々なスケールが数多く存在することを知るきっかけに。

モードのしくみ
mode

グレゴリオ聖歌の教会旋法そのものではなく、20世紀以降様々なジャンルで使用されている「モード」に親しみ、使えるようになるための練習です。モードは1曲丸ごと、曲の一部、複数次々に使用されたりと用いられ方も多様です。38pから本文下に年齢／理解度／目的に応じた練習の進め方、モードを覚えるコツ＆見分け方、各モードの作品例等を記したので、参考にしてください。

⇨ *36~48p*

コード＆アルペジオの練習方法
code & arpeggio

コードを意味のある塊と捉えて弾けるように、コードを分散したアルペジオにも様々なヴァリエーションをつけて創作やアドリブにも生かす練習をします。50、51p「5 コード転回形をアルペジオで自由に遊ぶ練習」は本書独特のもので、これをマスターすることにより、"自由"を獲得してください。以後、移調して行います。コードの意味がわからない場合は、『耳を開く 聴きとり術 コード編』を参照して各コードと親しみ、指の運動で終わらないようにしましょう。

⇨ *49~62p*

C major のスケール ｜ハ長調｜ C-dur

長調の音階（長音階）は〈全音・全音・半音〉の順番に並んだテトラコード※が2つつながったものです。

① テトラコード1を歌いましょう。
② テトラコード1の最後の音（ファ）の全音上（ソ）からテトラコード2を歌いましょう。
③ 長音階を歌って、ピアノで弾きましょう。

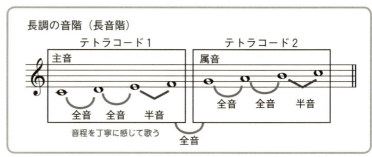

★長音階の2つのテトラコードは〈主音〉と〈属音〉から始まっているよ！

1 片手で弾いてから両手で弾きましょう。

2
① 指番号、かぶせる ⌒ くぐらせる ⌣ の記号を書き込みましょう。
② 片手奏→両手奏。2→3オクターヴの順に弾き、慣れたら音域を拡げましょう。

3 オクターヴユニゾンと反行形、カデンツ

※ 連続する4音からなり、両端の2音が完全4度をなしている音列。

4 反行形とオクターヴユニゾン、カデンツ

5
① 【二声】両手で、二声をレガートで弾きましょう。
② 【重音】片手奏→両手奏。同じ指でポジション移動をして、重音の連続をノンレガートで。

3度　重音の指番号：1と3、2と4、3と5

6度　重音の指番号：1と5

5度　重音の指番号：1と5

何も考えずに指を動かすのは時間のムダです。
しくみを理解して、美しい音で音楽的に弾くための練習を進めましょう。

4度　重音の指番号：1と4、2と5

表紙裏のリズム&「光と影」も練習しよう♪

A minor のスケール ｜イ短調｜ a-moll

イ短調の自然短音階は、
ハ長調の音階の第6音が主音です。
イ短調とハ長調は平行調です。
短調には3種類のスケールがあります。

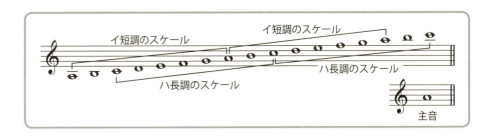

自然短音階　natural minor scale
長調と構成音が全く同じスケールです。

1 響きを聴いて

2 指番号を書く、片手→両手（左手は1オクターヴ下）、レガート奏。慣れたら音域を拡げる

3 オクターヴユニゾンと反行形、カデンツ

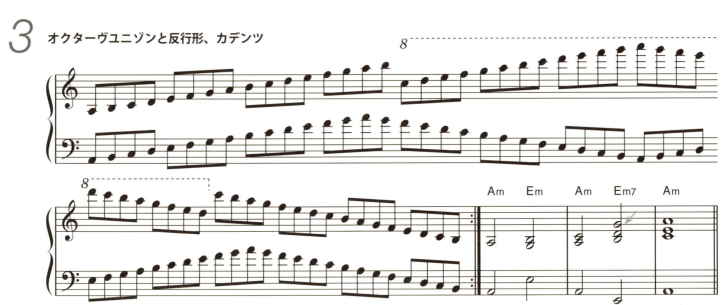

和声短音階　harmonic minor scale
第7音が半音高いスケール。主音に解決しようとする力が強くなります。

1 響きを聴いて

2 指番号を書く、片手→両手（左手は1オクターヴ下）、レガート奏。慣れたら音域を拡げる

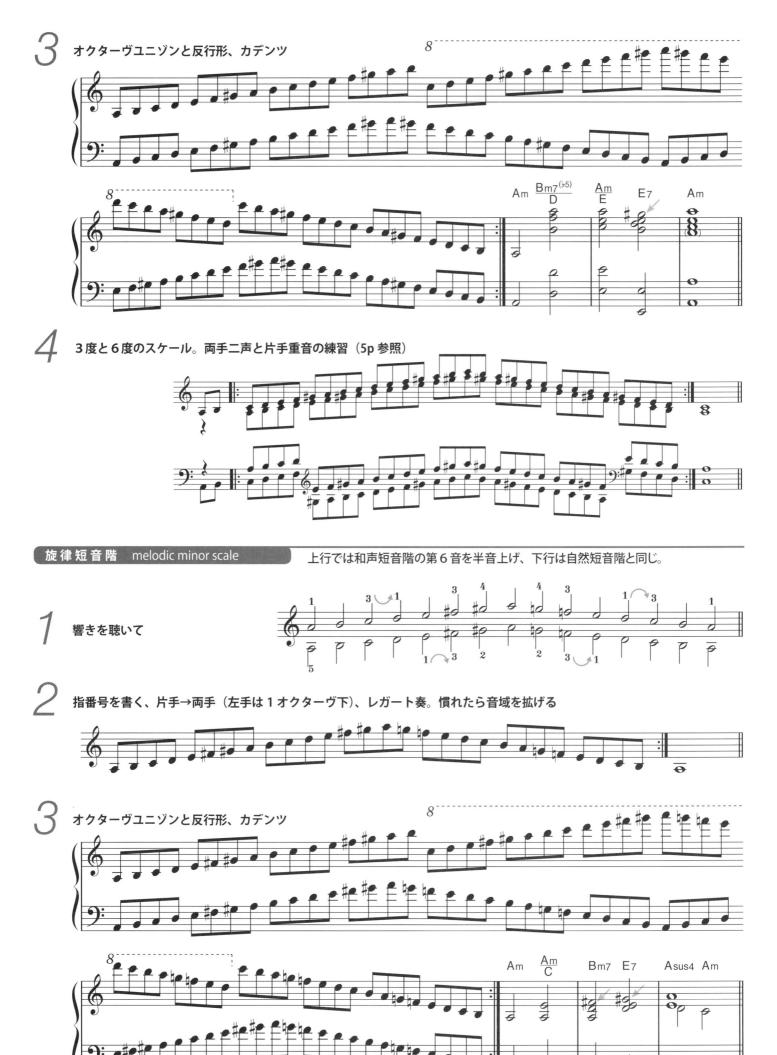

G major のスケール ｜ ト長調 ｜ G-dur

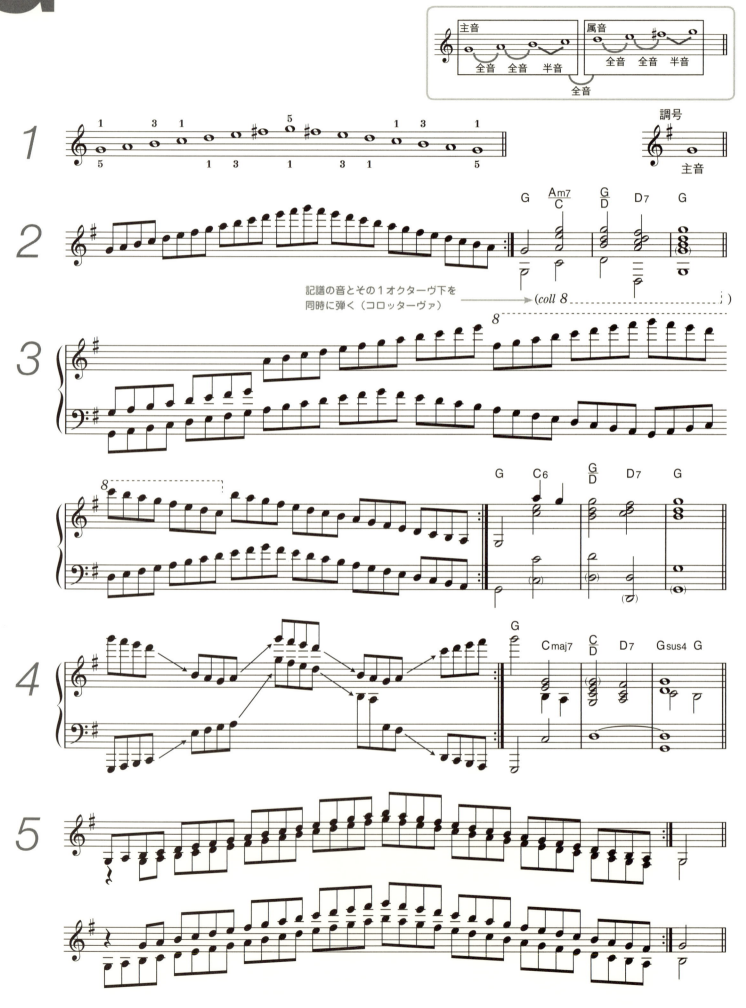

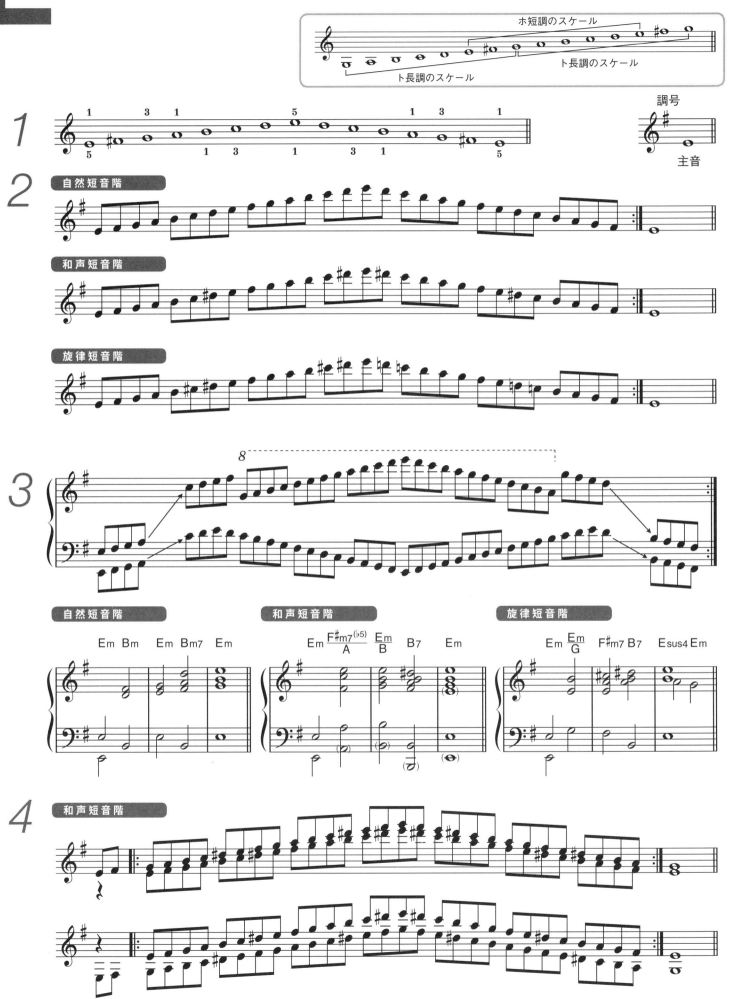

D major のスケール｜ニ長調｜D-dur

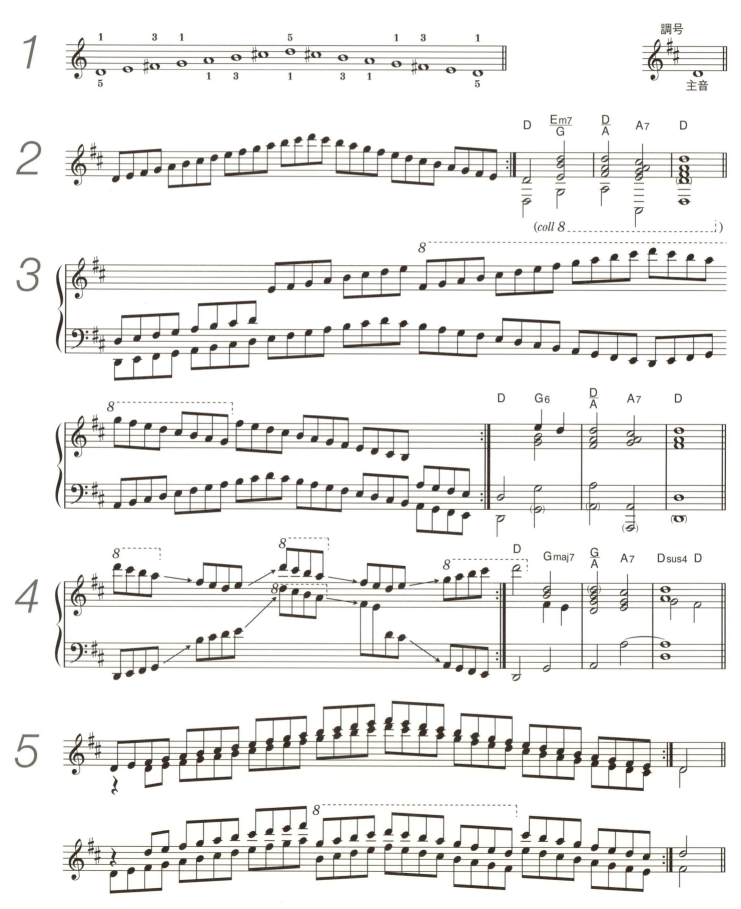

A major のスケール ｜イ長調｜ A-dur

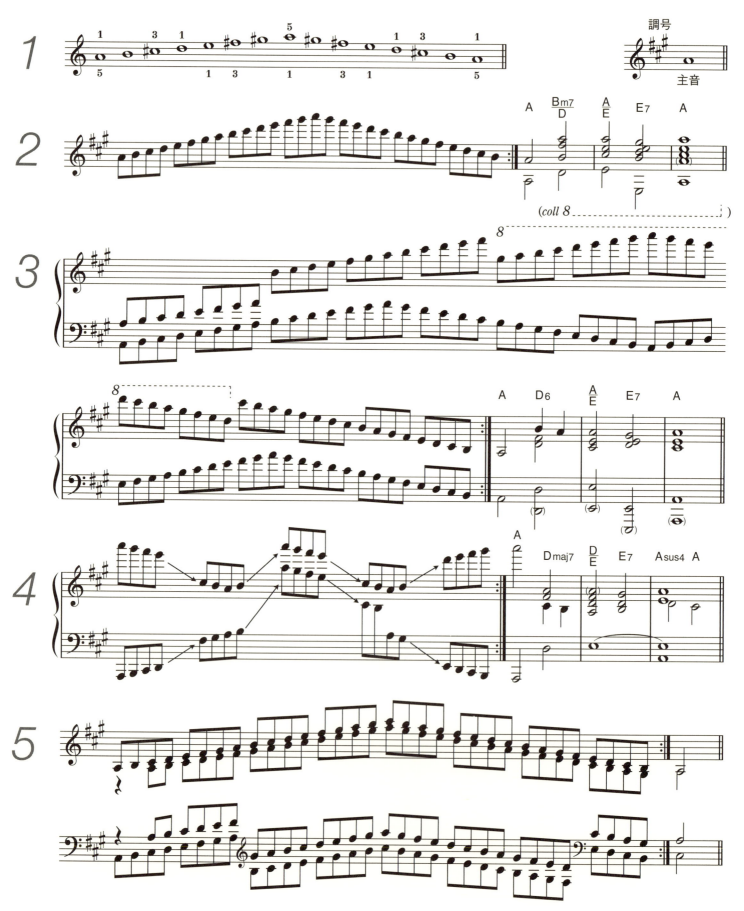

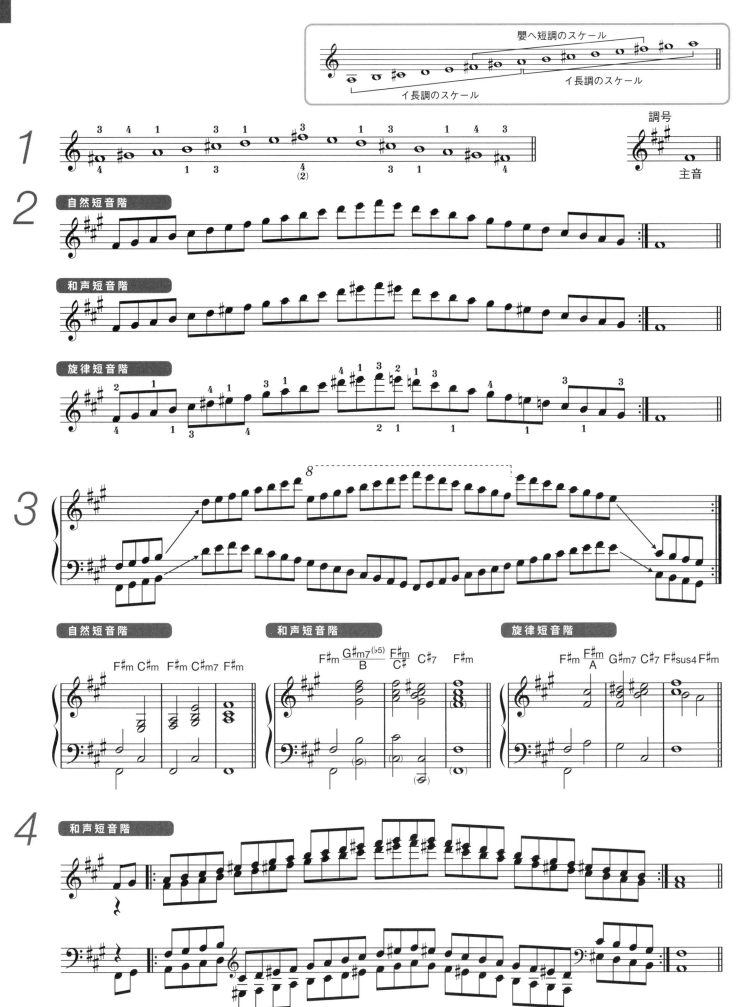

E major のスケール｜ホ長調｜E-dur

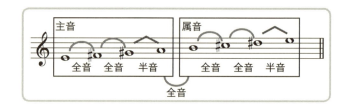
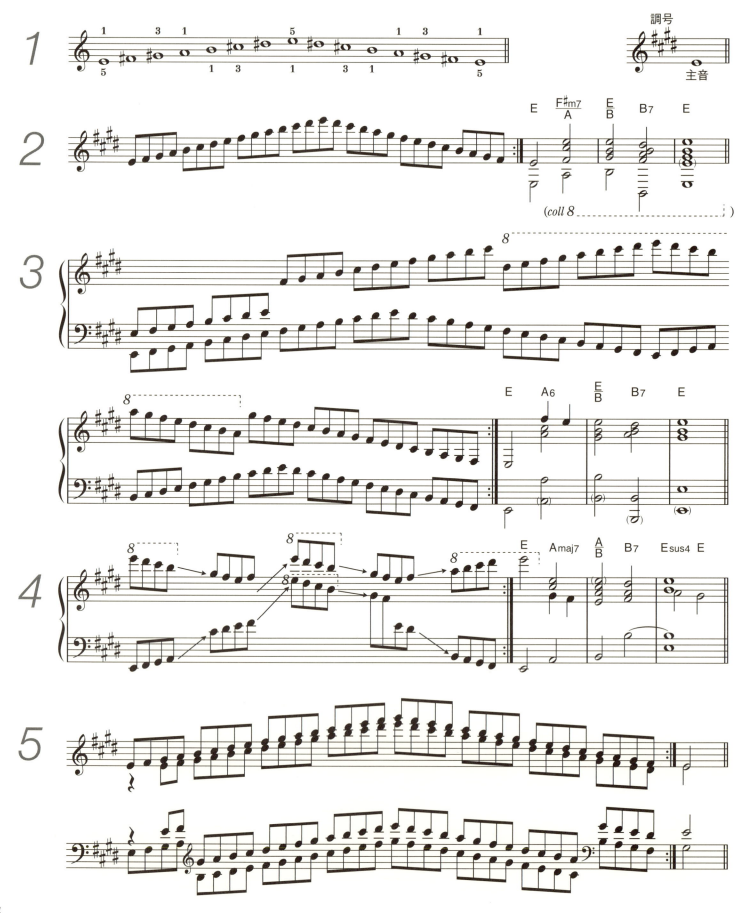

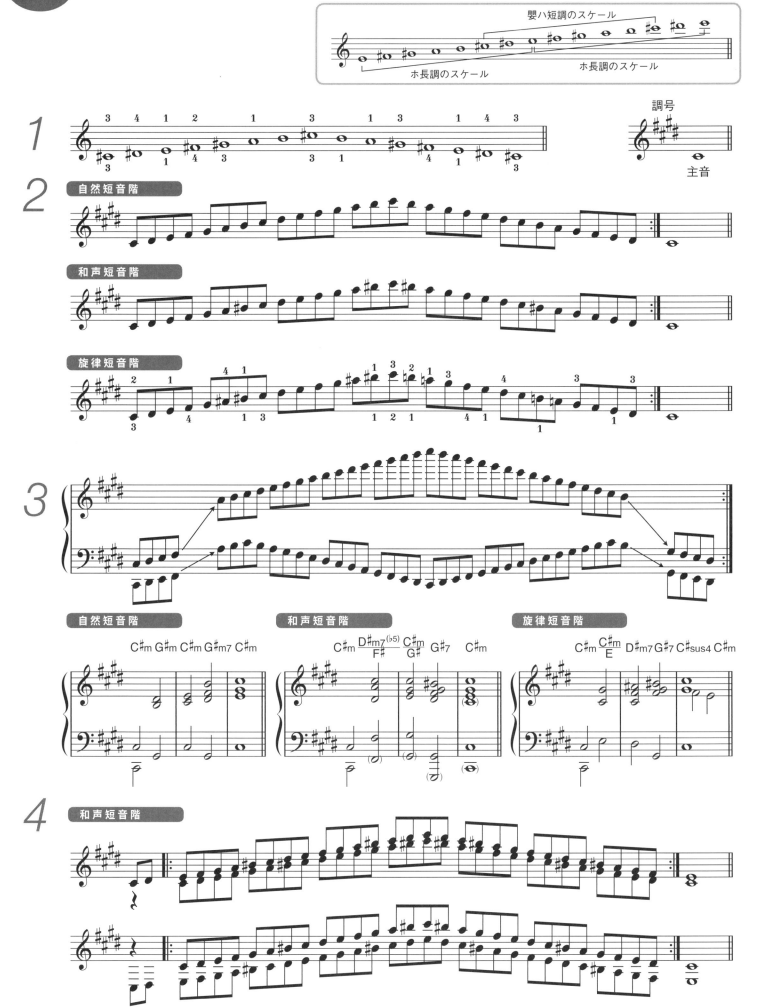

B major のスケール | ロ長調 | H-dur

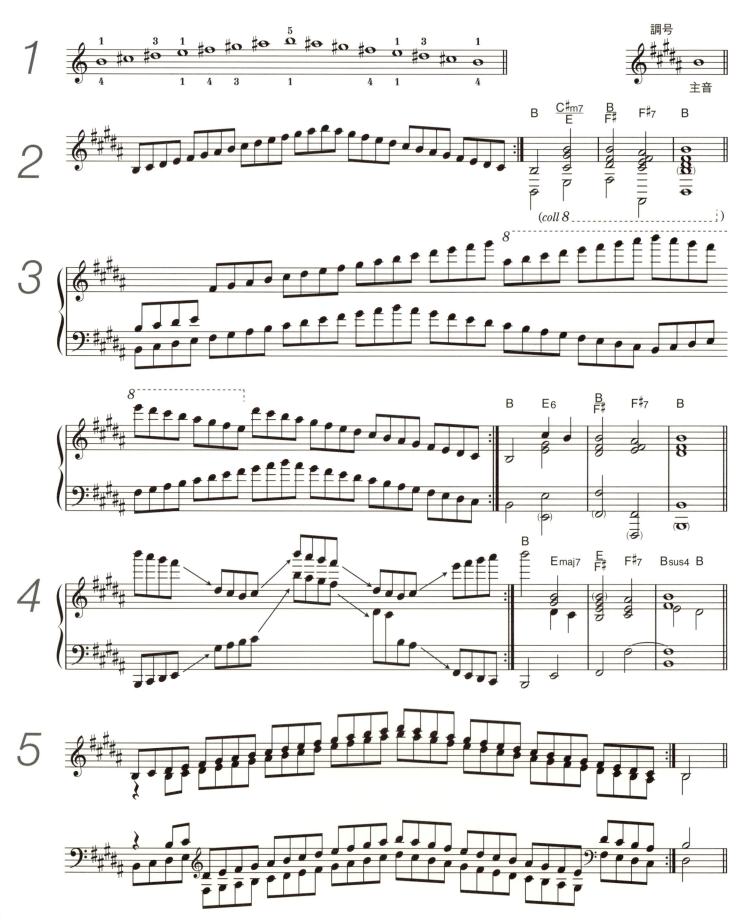

G♯ minor のスケール | 嬰ト短調 | gis-moll

異名同音

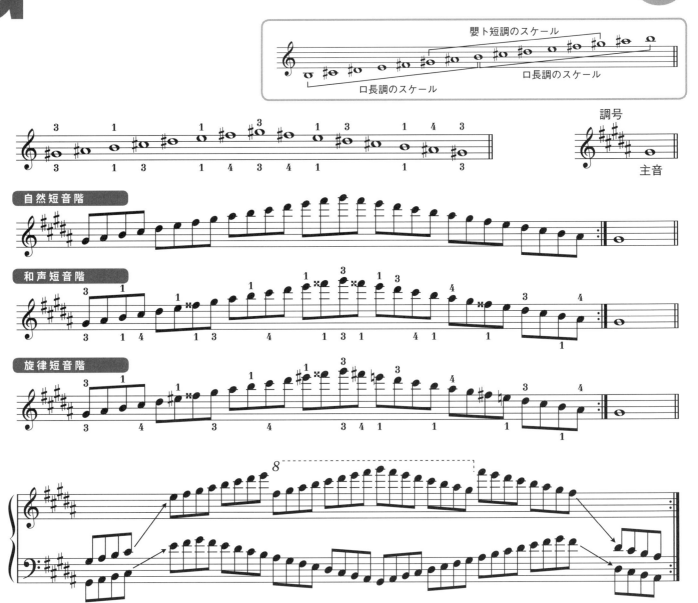

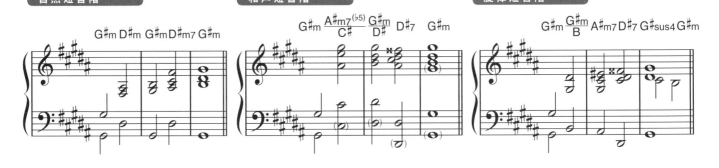

G♭ major のスケール ｜変ト長調｜Ges-dur

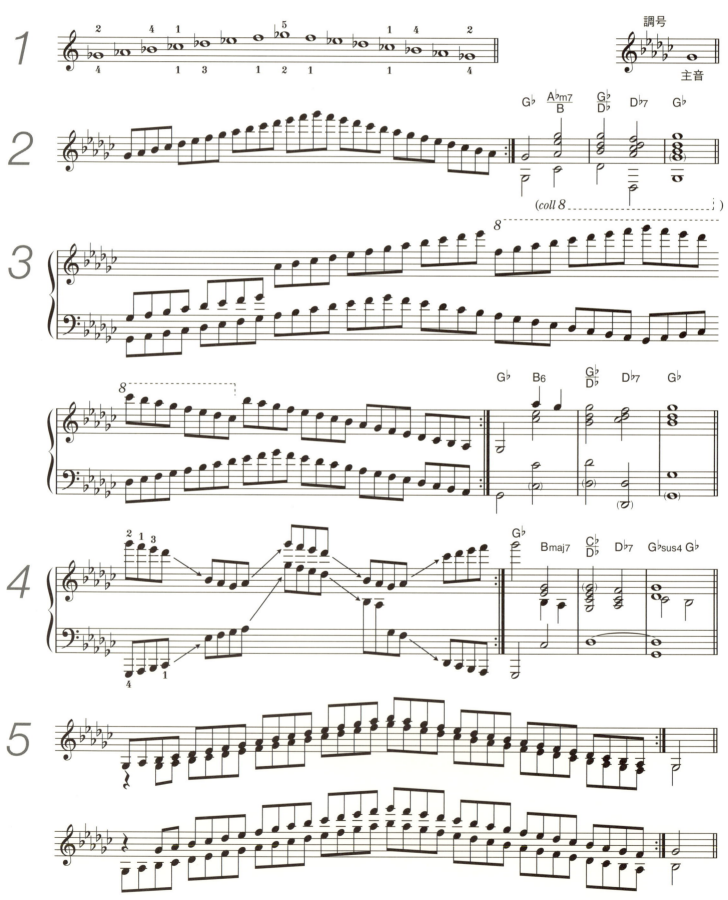

※ ｜コードネームは通常、実音表記なので、C♭はBになります。

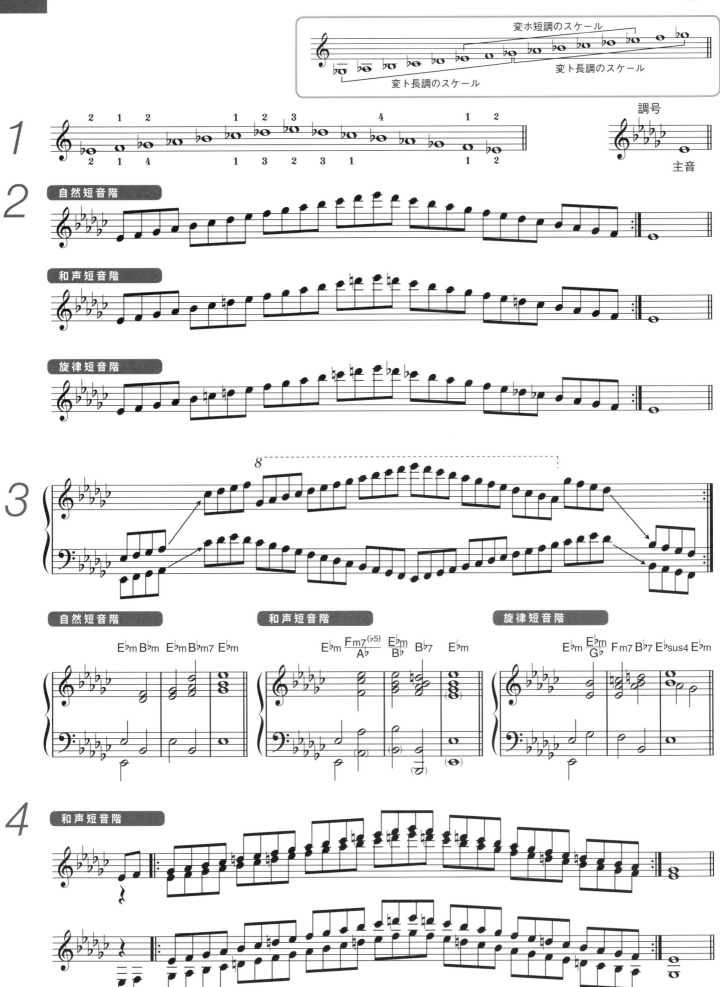

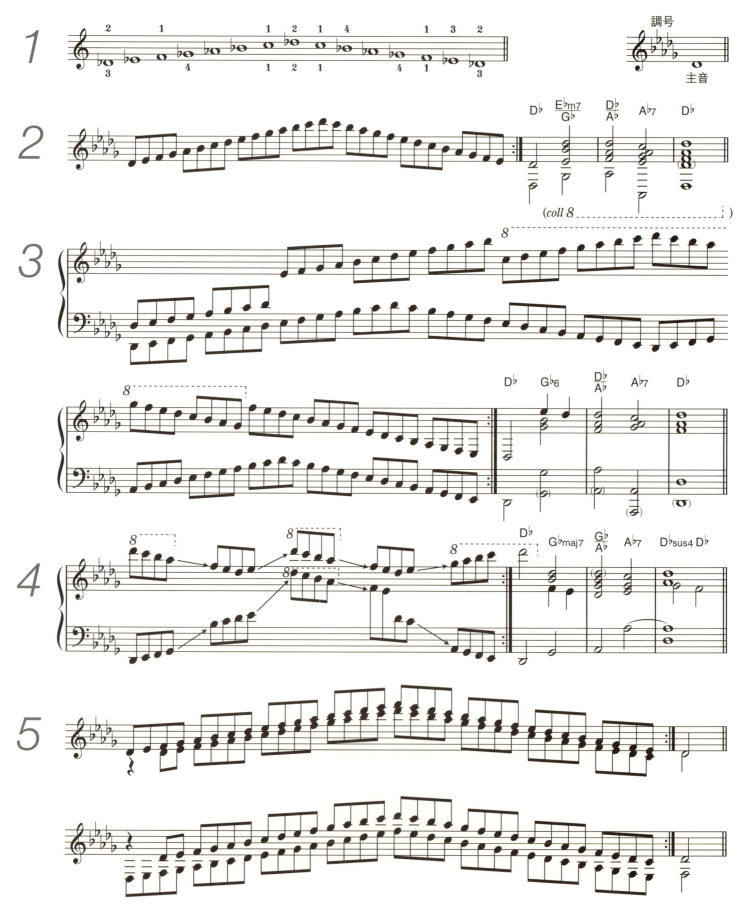

B♭ minor のスケール｜変ロ短調｜b-moll

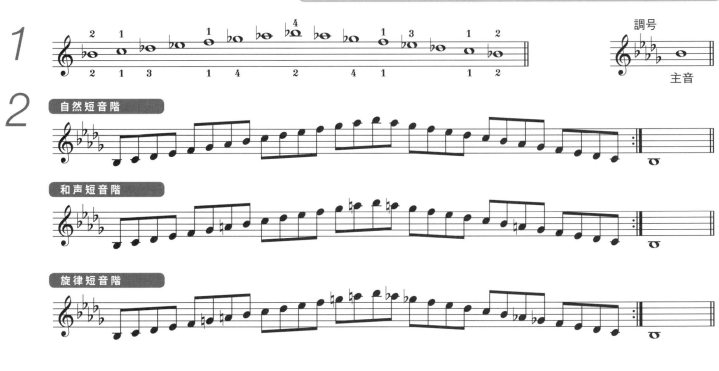

A♭ major のスケール｜変イ長調｜As-dur

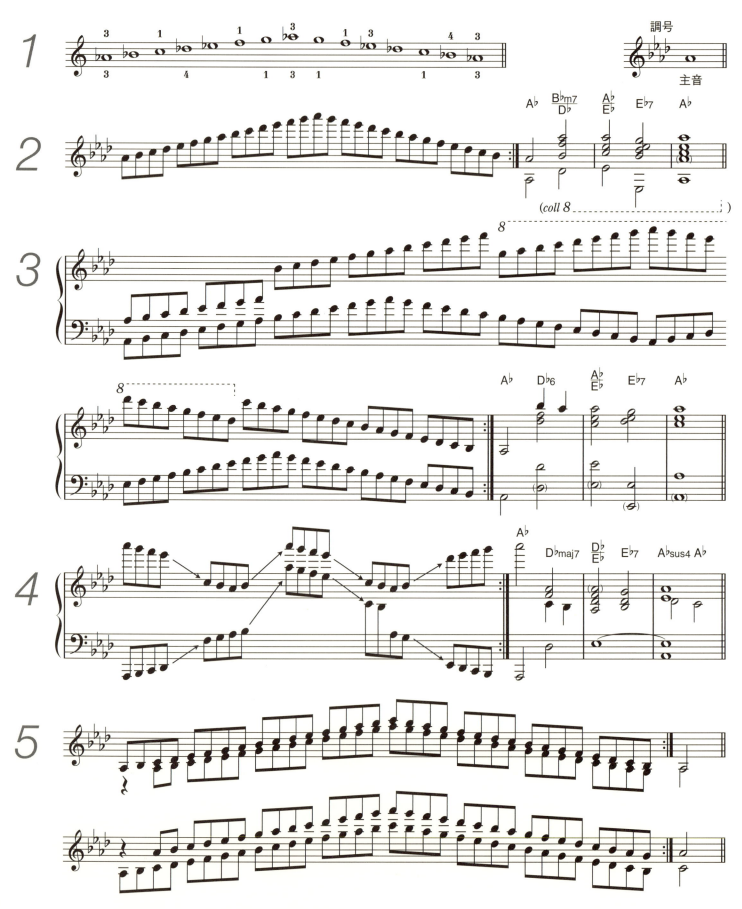

F minor のスケール ｜ ヘ短調 ｜ f-moll

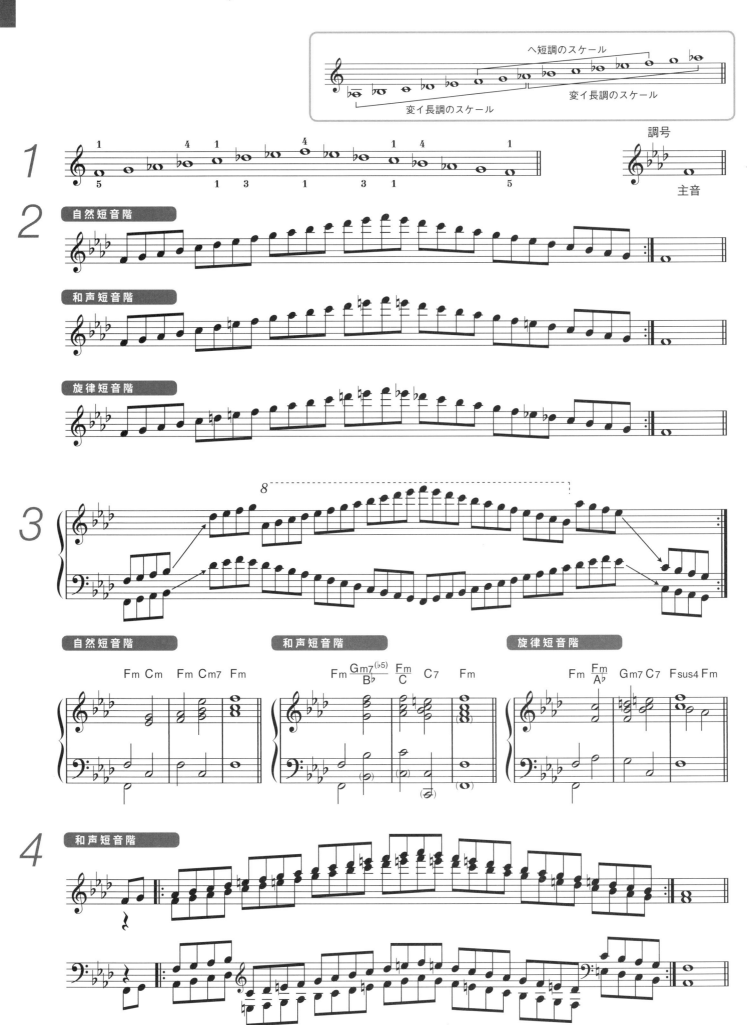

E♭ major のスケール ｜変ホ長調｜ Es-dur

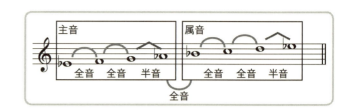

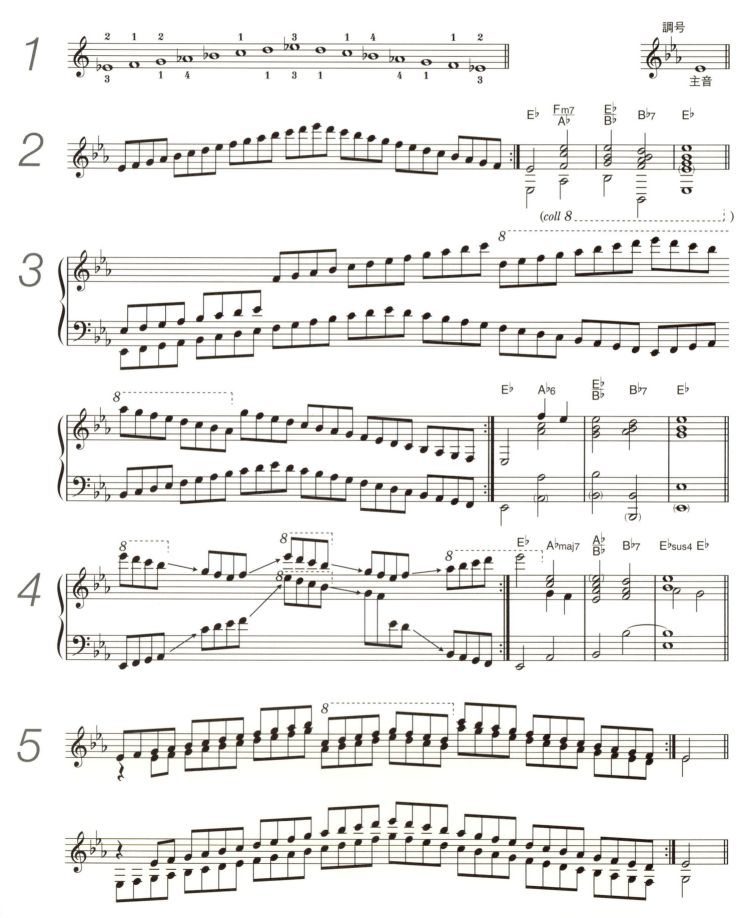

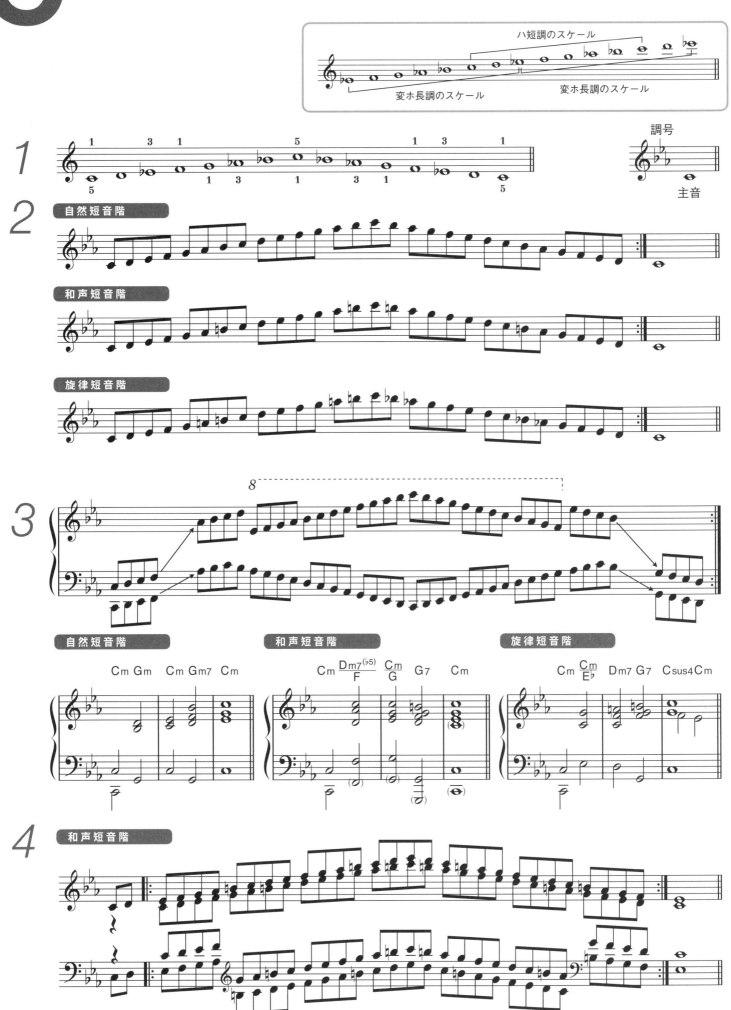

B♭ major のスケール ｜変ロ長調｜ B-dur

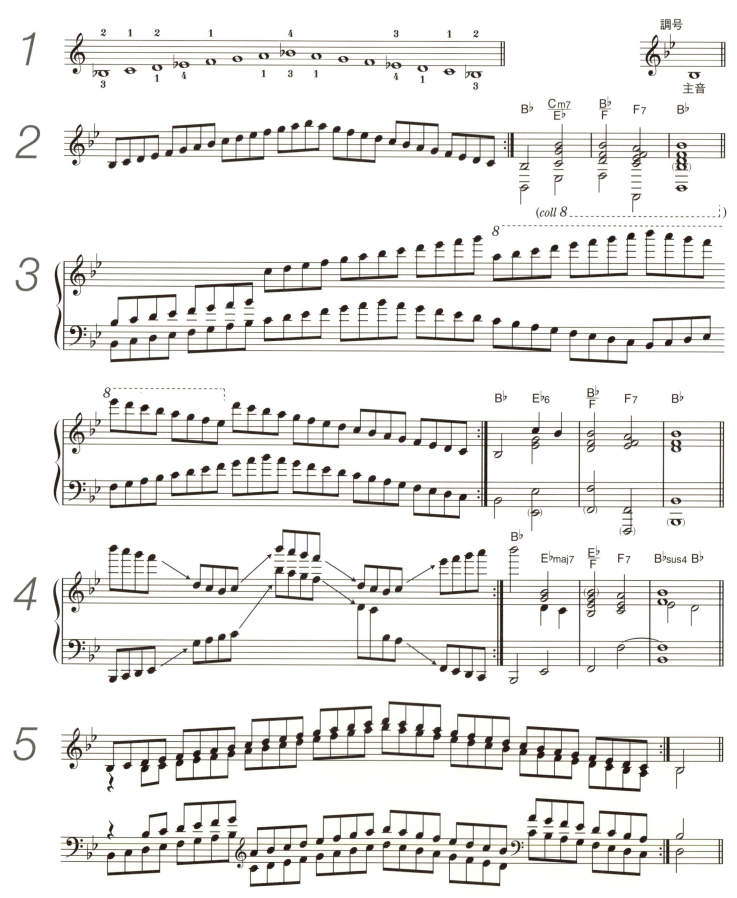

G minor のスケール ｜ ト短調 ｜ g-moll

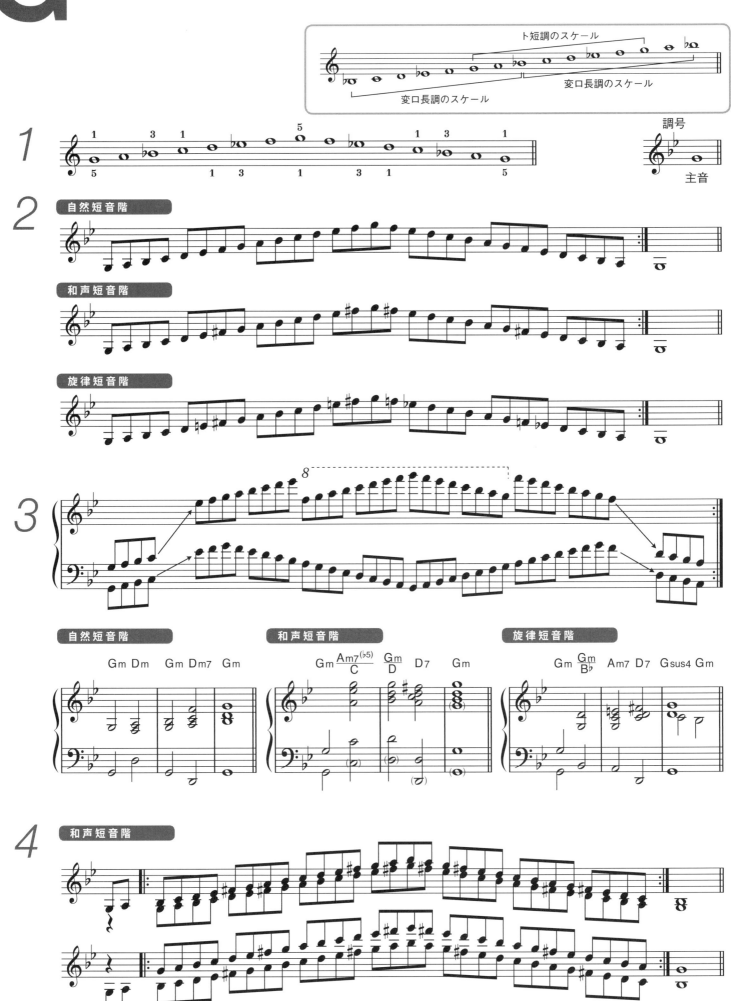

F major のスケール ｜ヘ長調｜ F-dur

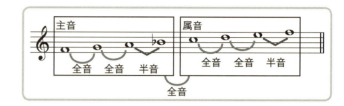

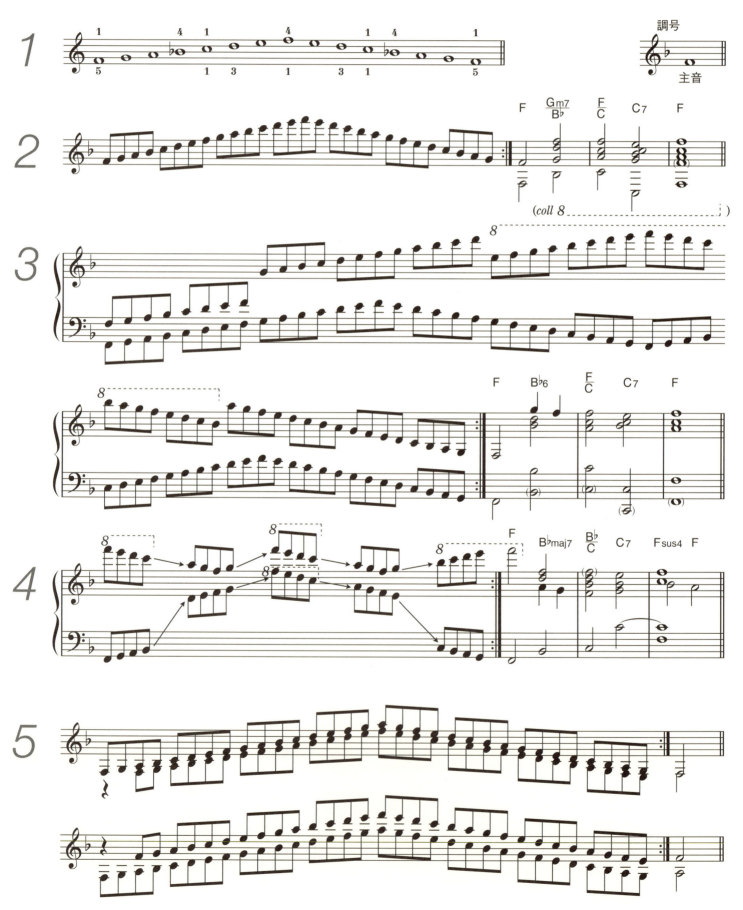

D minor のスケール ｜ 二短調 ｜ d-moll

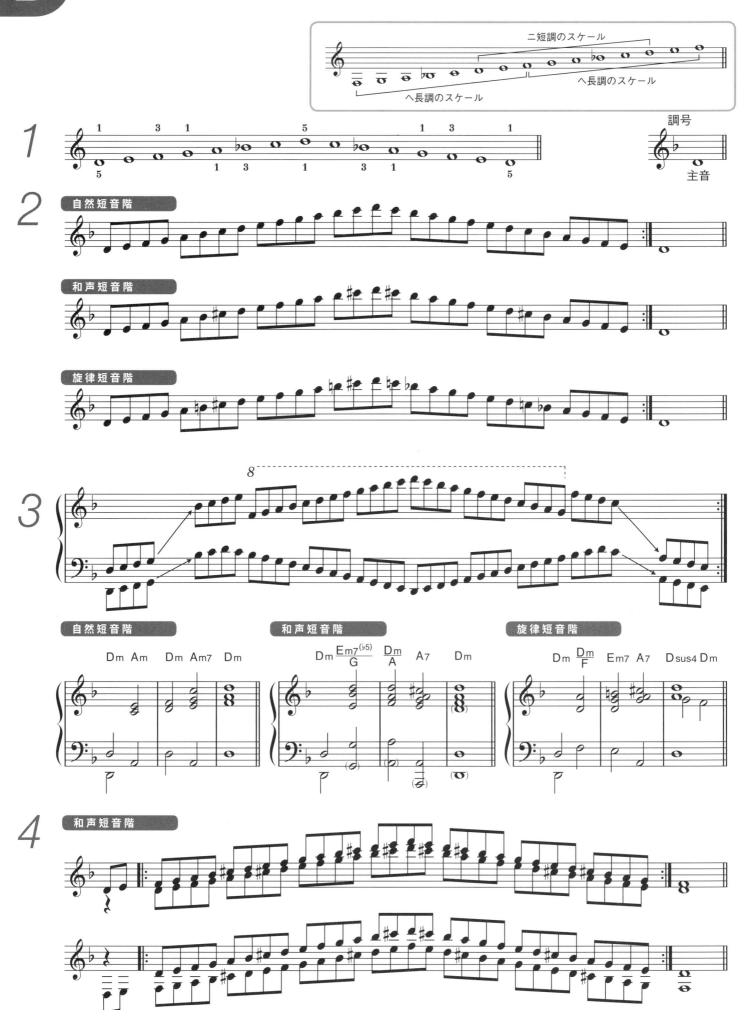

五度圏
circle of fifth　サークル オブ フィフス

テトラコードを2つ並べて「しりとり」のように 12 の長調のスケールを弾いていくと一周しますね！

テトラコードは 12 しかないよ

ハ長調 C major / C-dur — テトラコード 1, 2

ト長調 G major / G-dur — 2, 3

ニ長調 D major / D-dur — 3, 4

イ長調 A major / A-dur — 4, 5

ホ長調 E major / E-dur — 5, 6

ロ長調 B major / H-dur — 6, 7

嬰ヘ長調 F♯ major / Fis-dur — 7

変ニ長調 D♭ major / Des-dur

C major の次のテトラコードを思い浮かべながら、G major を書き入れていきましょう♪

音符を書き入れて五度圏の輪をつくろう

五線が重なっているところは、異名同音のスケールを。

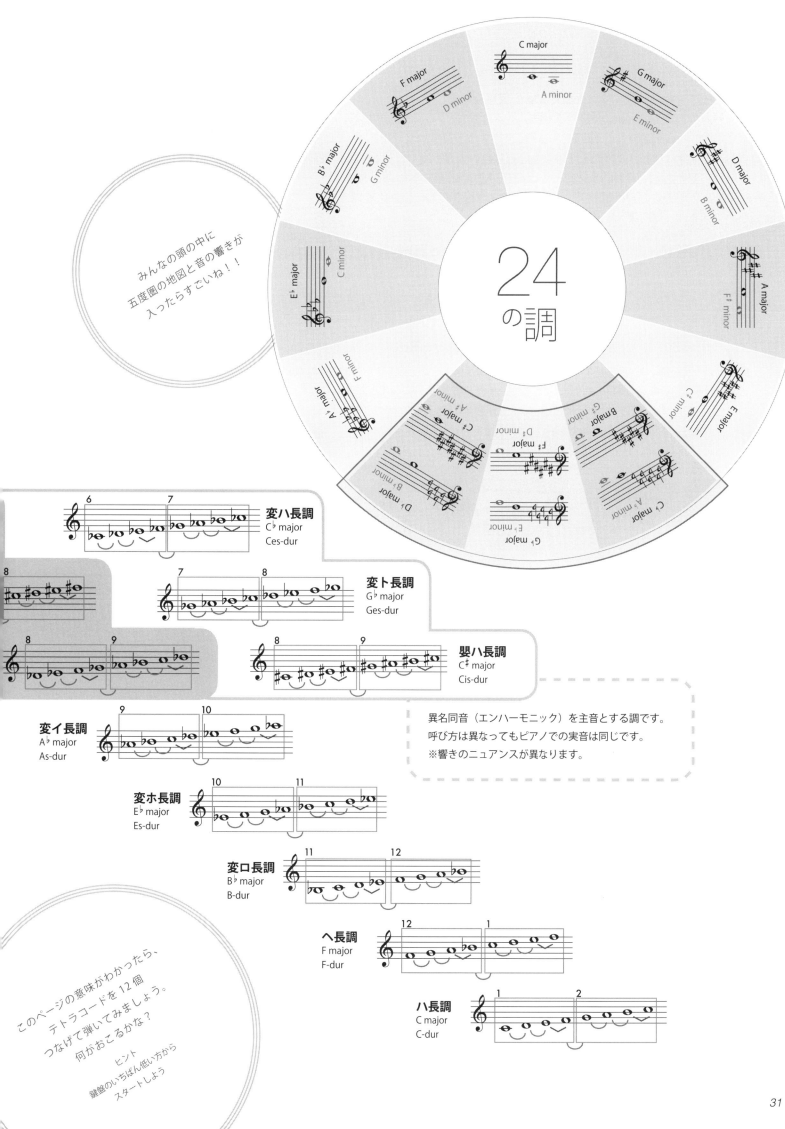

半音階
chromatic scale　クロマティックスケール

ピアノでのスケール（音階）の一番小さな単位は**半音**です。
1オクターヴの中には12個の半音があります。
半音階には主音がありません。理論的にはどこまでも上下に伸びていきます。
ピアノで半音階をなめらかに美しく弾くには、それだけを取り出して練習する
必要があります。白鍵とそれよりも約1センチ高い位置にある黒鍵を、長さ
の異なる指で交互に弾くためには、くぐらせることのできる1の指を有効に使い、
指づかいの可能性をよく考えて練習しましょう。

1種類

1 1本指でノンレガートで、半音の音程と、鍵盤の高低差をよく感じて、左右各指で練習しましょう。

2 レガートで速く弾くための合理的な指づかいを、考えてみましょう！　強弱やリズムは表紙裏を参照。
　A　白鍵を1、黒鍵を3で弾く指づかい。白鍵が続く□マークだけ、つなぎに2の指を使う。
　B　白鍵を1、黒鍵を2で弾く指づかい。⌒内はAと同じ運指となる。
　C　上級者は右手上行と左手下行を、白鍵4、黒鍵3で弾く指づかいにも挑戦しよう。つなぎの指は5。柔軟な指と思考を持って。
　D　できれば3度と6度でも弾いてみましょう（Aと同じ運指で）。

3 半音階も、オクターヴユニゾン→反行形で左右の音の距離感を感じて、よく聴きながら弾きましょう。
　主音がないので、どの音からでも半音階をスタートできるように、指づかいを頭に入れて練習します（例はC音より）。

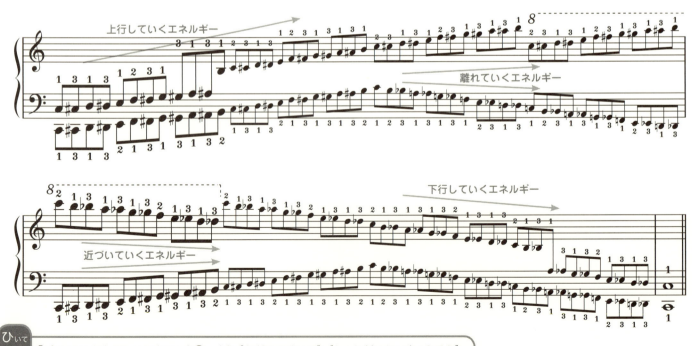

ひいて みよう　『ピアノランドたのしいテクニック⊕』より《かがみのめいろ》《しょうがいぶつきょうそう》

全音音階
whole tone scale　ホールトーンスケール

半音2つで**全音**。全音を1目盛りとした音階が**全音音階**です。1オクターヴ内の構成音は6音で、どこから始めても同じ音程関係になります。全音音階には、〔黒鍵を3つ含むもの〕と〔黒鍵を2つ含むもの〕の2種類があります。

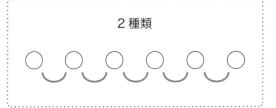

2種類

1 2つのスケールを片手、両手（左手は1オクターヴ下）でなめらかに弾けるようになったら、鍵盤の両端まで往復しましょう。全音音階の雰囲気、効果を味わい、構成音を覚えます。完璧にできたらペダルを踏みましょう。どんな感じですか？

A 〔黒鍵を3つ含む全音音階〕

B 〔黒鍵を2つ含む全音音階〕

2 2つのスケールをクロスハンドで弾いてみましょう。白鍵と黒鍵を左右の手で分けて流れるように。慣れたら広い音域で様々なタッチで。徐々にテンポを上げ、ペダルを踏みます。

			上行 →　　　　　　　　　　　→ 下行 →																						
A	右手	黒鍵			2	3	4			2	3	4	(5)	4	3	2			4	3	2				
	左手	白鍵	4	3	2			4	3	2			2			2	3	4				2	3	4	
B	右手	白鍵			2	3	4	5		2	3	4	5	5	4	3	2		5	4	3	2			
	左手	黒鍵	3	2					3	2				2			2	3					2	3	

3 2つの全音音階上に「音階1個置きルール」※でコードを作ると、12個の増三和音（オーギュメンテッドトライアド）ができます。実際に音階を1個置きに辿り、実感してみましょう！　全音音階は、オーギュメンテッドスケール（augmented scale）とも呼ばれます。

A 黒鍵を3つ含む全音音階上の増三和音

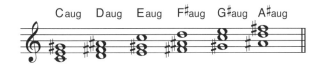

B 黒鍵を2つ含む全音音階上の増三和音

充分理解できたら、**A**＋**A**　**B**＋**B**　とスケールとコードをつなげて、増三和音をエンディングにしましょう！
（オーギュメントは、アルペジオの項（50p〜）でも学びます）

※「音階1個置きルール」はスケール上の音を1個置きに積み上げるだけでコードが作れることを簡単に説明した樹原涼子の造語。『耳を開く 聴きとり術 コード編』『The Four Seasons ベスト・セレクション』に詳しい。

きいてみよう
ドビュッシー『前奏曲集 第1巻』より《帆》
ドビュッシー『映像 第2集』より《葉ずえを渡る鐘の音》等。

ひいてみよう
『ピアノランド⑤』より《不思議の国のピアノランド》
（『ピアノランド③』《ピアノランドマーチ》（ハ長調）のメロディを、全音音階に移し変えて曲の世界観を大きく変化させています）。

ディミニッシュトスケール
diminished scale

全音と半音が交互に並ぶ音階です。1オクターヴ内に8音構成。理論上は12半音上に12のスケールが存在しますが、構成音が同じスケールを3つのグループにまとめて覚えましょう。C、C♯、Dからスタートする3種類があります。

3種類

1. 片手→両手（左手は1オクターヴ下）→2、3オクターヴの順に練習しましょう。響きに慣れるまで何度も繰り返しましょう。
2. 音階1個置きルールを思い出し、"1個置き"を意識して最後のディミニッシュトコードを弾きます。
3. 慣れたら、3×4＝12パターンのスケールとディミニッシュトコードを弾きましょう。

Cディミニッシュトスケール（E♭、F♯、Aディミニッシュトスケールも同じ）

E♭ディミニッシュトスケール

F♯ディミニッシュトスケール

Aディミニッシュトスケール

まず『耳を開く 聴きとり術 コード編』でディミニッシュトコードの響きを味わいましょう。

C♯ディミニッシュトスケール（E、G、B♭ディミニッシュトスケールも同じ）

Eディミニッシュトスケール

Gディミニッシュトスケール

B♭ディミニッシュトスケール

50pからのコードとアルペジオの実習でディミニッシュトコードの響きに充分なじんでから始めるとよいでしょう。

Dディミニッシュトスケール（F、A♭、Bディミニッシュトスケールも同じ）

Fディミニッシュトスケール

A♭ディミニッシュトスケール

Bディミニッシュトスケール

きいてみよう ディミニッシュトスケール&コードの曲例　ショパン／《別れの曲》中間部　ベートーヴェン／《悲愴ソナタ》第1楽章冒頭

ひいてみよう 『ピアノランド①』より《どどどど どーなつ》　『ピアノランド①』より《ひこうき》

その他のスケール

スケールとは音楽の物差し、目盛りです。様々なスケールと出逢い、
音楽の世界を広げましょう。

五音音階 （pentatonic scale　ペンタトニックスケール）
5つの音でできた音階を五音音階といいます。様々な国で多様な五音音階が使われています。

日本の五音音階　代表的な4つを覚えましょう！　完全4度の2つの音の間に、それぞれ異なる中間音を持ち、それを長2度上に重ねた音階です。

民謡、わらべ歌

都節音階

律音階

沖縄音階

参考文献：千葉優子著「日本音楽がわかる本」

その他の五音音階

黒鍵の五音音階

ヨナ抜き音階

スコットランド民謡や明治以降日本で使われている、長調の第4、第7音が省かれた音階。

マイナーペンタトニックスケール／ブルーススケール

長調の第3、5、7音が約半音下にぶら下がってできた音を、ブルーノート blue note と呼びます。
ブルーノートを使った五音音階は、マイナーペンタトニックスケール minor pentatonic scale 。
長調とマイナーペンタトニックスケールを融合させ、ブルーススケール blues scale ができました。

マイナーペンタトニックスケール

ブルーススケール
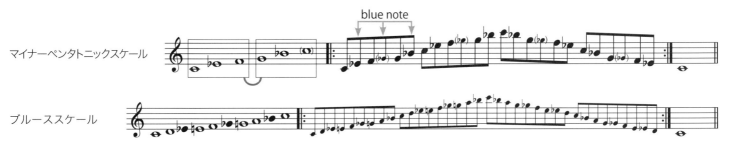

モードのしくみ
mode

20世紀以降使われている旋法（mode）は、中世の教会旋法（Church mode）と同じギリシャの地名にちなんだ名前を持っていますが、当時とは異なる使い方をされるようになり、現代にも生きています。ここでは、現在使われているモードの形を知り、響きを知り、作曲、編曲、分析、演奏、アドリブ等の助けとなるように、モードのしくみと各モードの特徴をわかりやすくまとめました。
理論上のことのみでなく、指を動かすだけでもなく、音楽の歴史を感じながら、長調短調以外の独特な音列の響きに身を委ね、その世界観に出逢う意味を味わいながら練習してください。

モードは、**中心音**（central tone）で分類されます。
まず、調性音楽の中に生き残った2つのモードを紹介します。1つめは長調、2つめは短調の自然短音階と同じ構成音です。

上記以外のモードを、中心音の順番に紹介します。

第2音を中心音とする　ドリアンモード（Dorian mode ドリア旋法）
第3音を中心音とする　フリジアンモード（Phrygian mode フリギア旋法）
第4音を中心音とする　リディアンモード（Lydian mode リディア旋法）
第5音を中心音とする　ミクソリディアンモード（Mixolydian mode ミクソリディア旋法）
第7音を中心音とする　ロクリアンモード（Locrian mode ロクリア旋法）

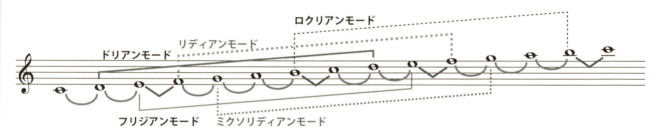

長音階の中のどの部分を切り取るかでモード内の音程関係が変わり、それが各モードの独特な味わいとなります。中心音からの音程関係がしっかり把握できるよう、モードごとに全音と半音の並び方を図にまとめました。次ページからは、この図に従って練習を進めていきます。

モードの音の並びの比較図

∪は全音、∨は半音を表す

		中心音							中心音
		1	2	3	4	5	6	7	8
アイオニアンモード	イオニア旋法	∪	∪	∨	∪	∪	∪	∨	
ドリアンモード	ドリア旋法	∪	∨	∪	∪	∪	∨	∪	
フリジアンモード	フリギア旋法	∨	∪	∪	∪	∨	∪	∪	
リディアンモード	リディア旋法	∪	∪	∪	∨	∪	∪	∨	
ミクソリディアンモード	ミクソリディア旋法	∪	∪	∨	∪	∪	∨	∪	
エオリアンモード	エオリア旋法	∪	∨	∪	∪	∨	∪	∪	
ロクリアンモード	ロクリア旋法	∨	∪	∪	∨	∪	∪	∪	

次ページから、各モードのニュアンスの違い、特徴音（キャラクタリスティックノート）を感じながら、調性音楽にはない響きを学んでいきましょう。
先生は、40pまでの解説に目を通してから指導してください。

Cを中心音とするモード

1) 右のモードが「左の長音階の何番目の音からスタートしているか」を確認しましょう。
2) 片手で弾いてから両手で弾きましょう（両手のときは左手は1オクターヴ下）。
3) 2オクターヴ、3オクターヴと音域を拡げて練習しましょう。モード名、特徴音、響きを1セットで味わって。

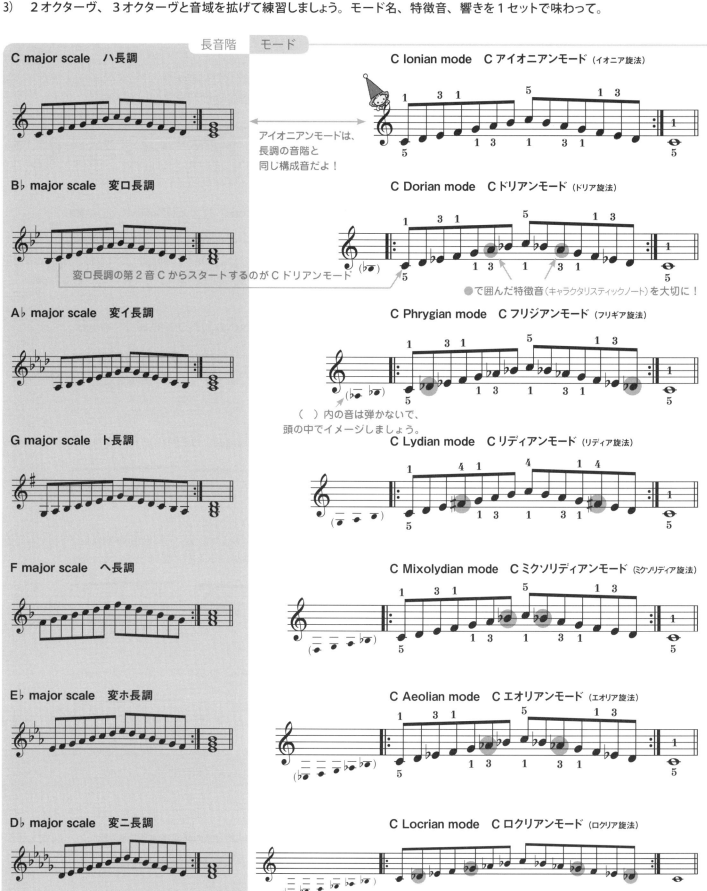

D を中心音とするモード

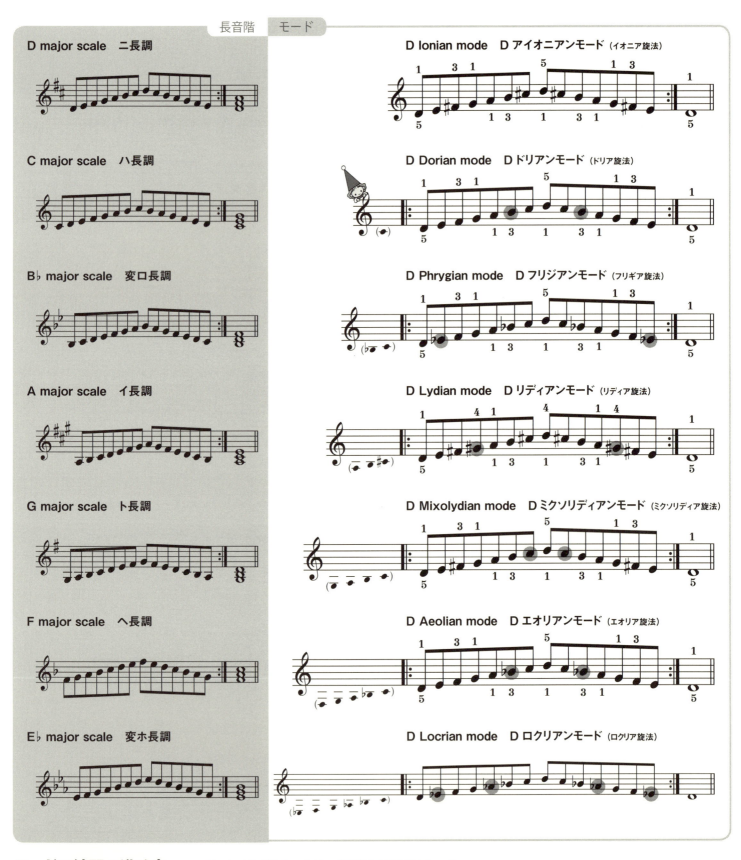

モードの練習の進め方　モードのしくみがわかったら、学ぶ範囲を選びましょう。

モードは12の半音階上の音を中心音とすることができます。年齢、理解度、目的に応じて、下記から取り組む範囲を決めてから始めるとよいでしょう。

- ステップ **1**　白鍵だけで弾くモード …………………………………………… 36p & 37〜43p 中の 🎩 マークのモード
- ステップ **2**　白鍵（ＣＤＥＦＧＡＢ）を中心音とし構成音に黒鍵を含むモード ……… 37〜43p
- ステップ **3**　異名同音を含む黒鍵（D♭ E♭ F♯ A♭ B♭）を中心音とするモード ………… 44〜48p

E を中心音とするモード

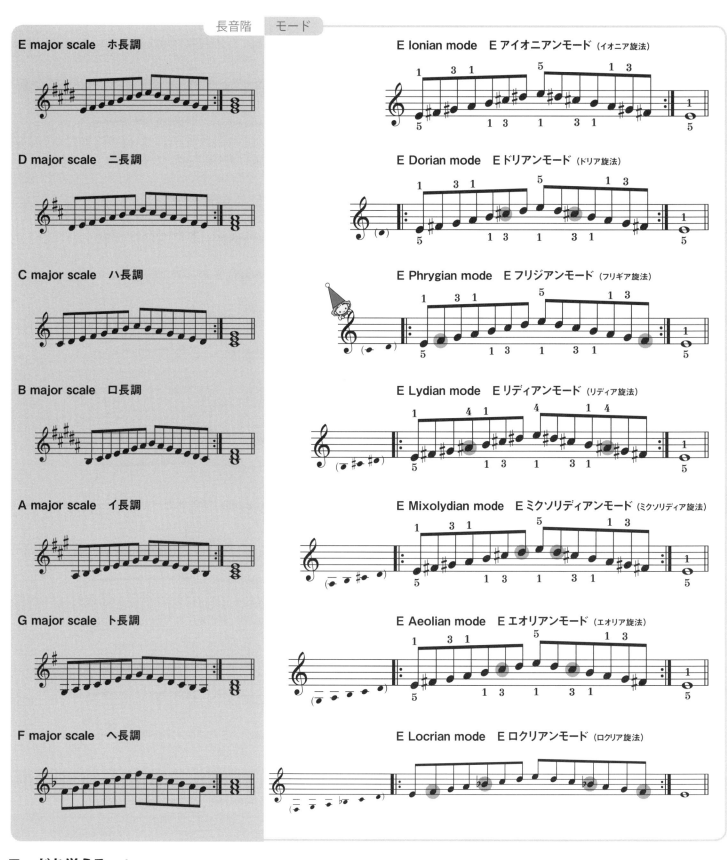

モードを覚えるコツ　モード独特の響きに浸りましょう。モードの曲を弾いたり、作ったりしましょう！

1) モードの名前と順番を覚える
2) "モードの名前"と"モードの響き"をセットで、弾きながら覚える
3) 特徴音にテヌートやアクセントをつけて、繰り返し練習して音列、響きに慣れる
4) 響きの違いがわかるようになったら、楽譜を見ないで、モードの名前を言いながら弾く

F を中心音とするモード

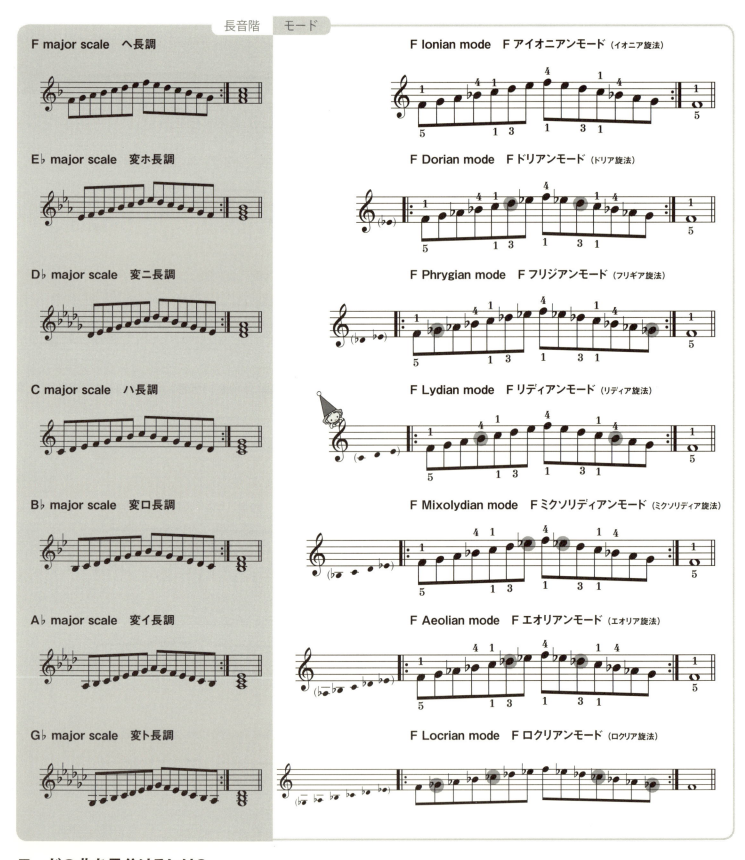

モードの曲を見分けるには？

「この不思議な雰囲気は、もしかしてモードかな？」と思ったら、確認してみましょう。
長調、短調、五音音階などではないか確認→使われている音列を書き出す→中心音を探す→モードのページの該当する中心音の中にその音列があるか、特徴音が使われているかを調べる→該当するものがあれば、〇〇モードとわかります。

G を中心音とするモード

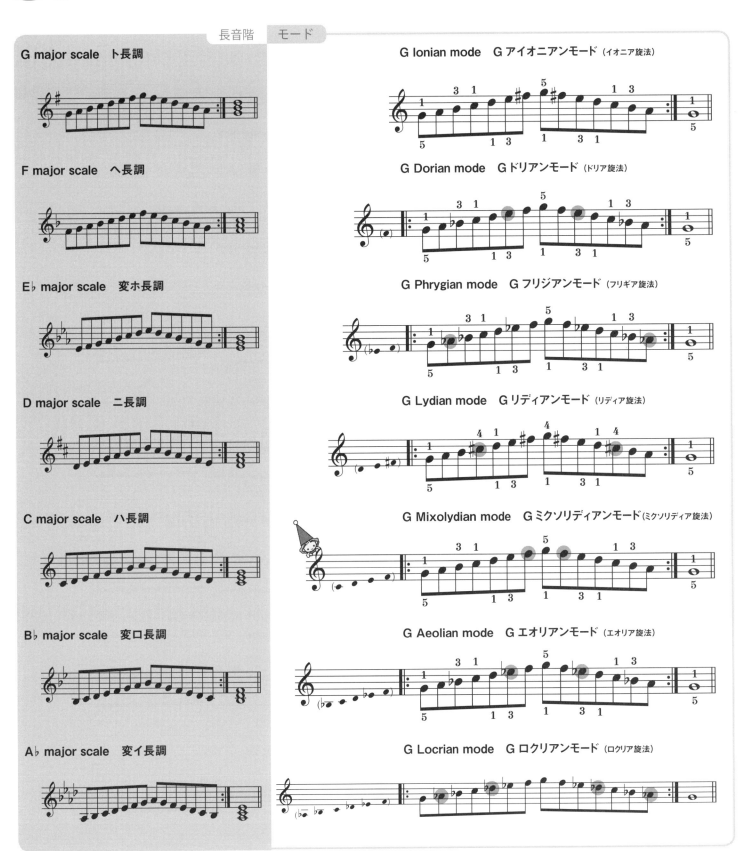

アイオニアンモードの作品

『ピアノランド④』より《眠り姫》(A Ionian mode)

A を中心音とするモード

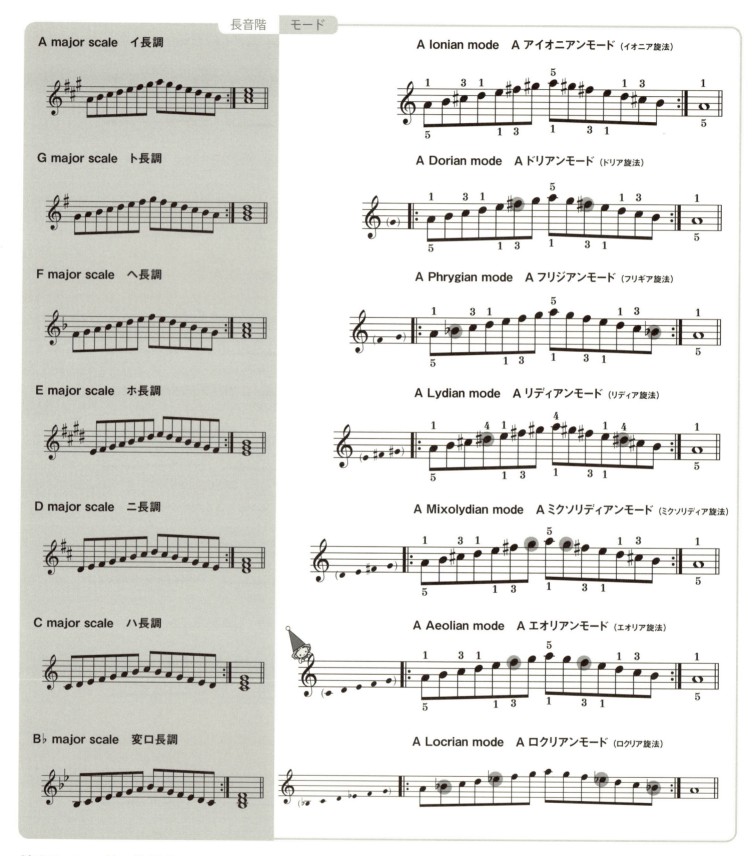

ドリアンモードの作品①

バルトーク／『ミクロコスモス第1巻』より第32番（D Dorian mode）
サティ／《ジムノペディ第1番》（一部 D Dorian mode）
吉松隆／『優しき玩具第1集』より《小さな人形のアリア》（D Dorian mode）

B を中心音とするモード

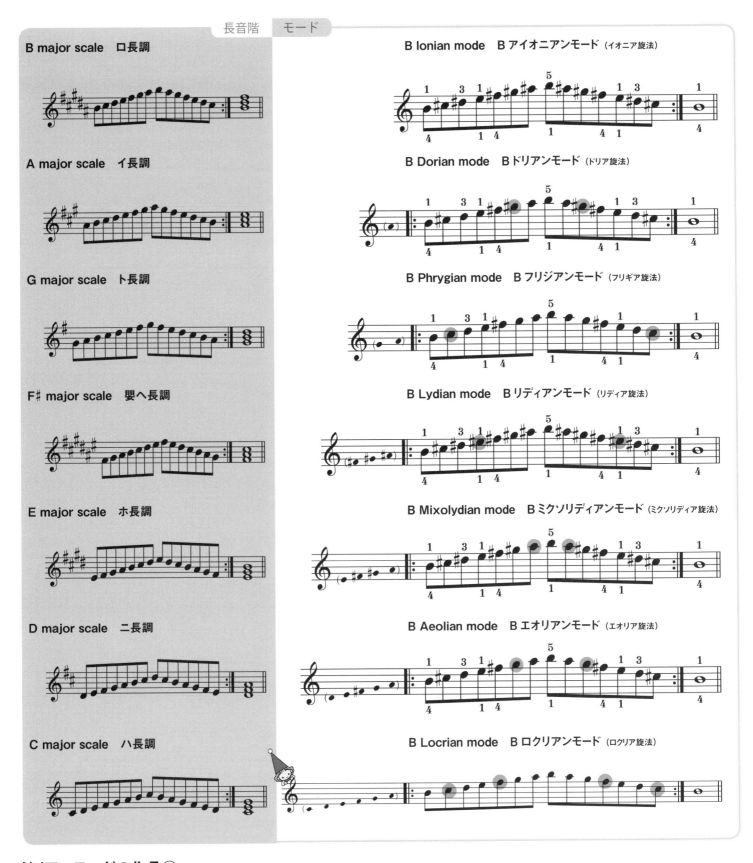

ドリアンモードの作品②

『ピアノランド③』より《かっぱのむかしばなし》（D Dorian mode）
『ピアノランドコンサート⊤』より《風の平原》（G Dorian mode）
樹原涼子／『やさしいまなざし』より《いつでも》（A Dorian mode）

D♭ を中心音とするモード

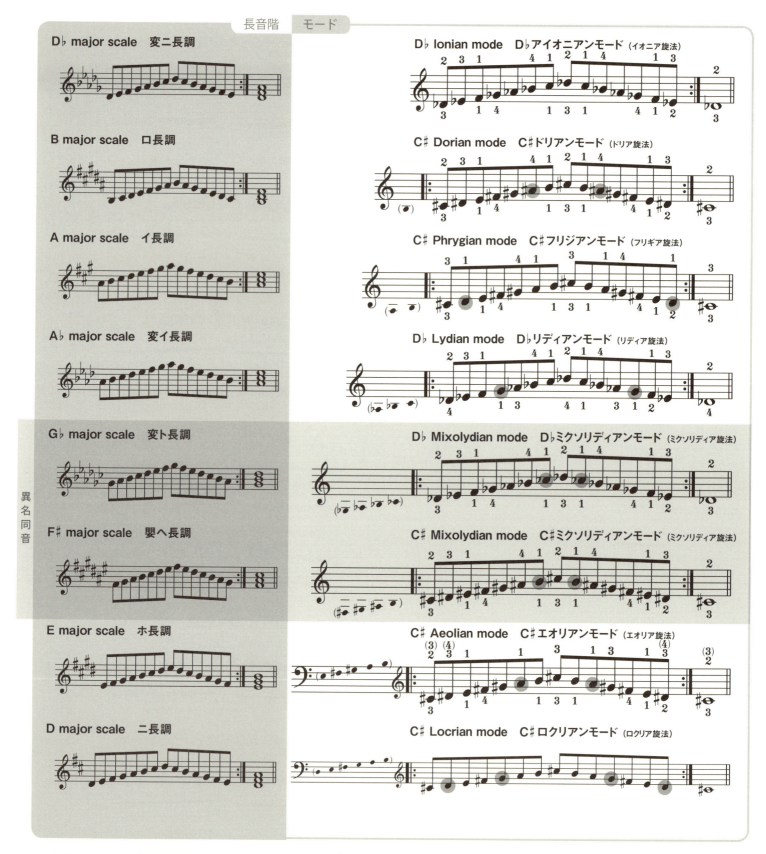

フリジアンモードの作品

バルトーク／『ミクロコスモス第1巻』より第7番（E Phrygian mode）
　　　　　『ミクロコスモス第1巻』より第34番（E Phrygian mode）
樹原涼子／『やさしいまなざし』より《星の声》（一部 F Phrygian mode）

 を中心音とするモード

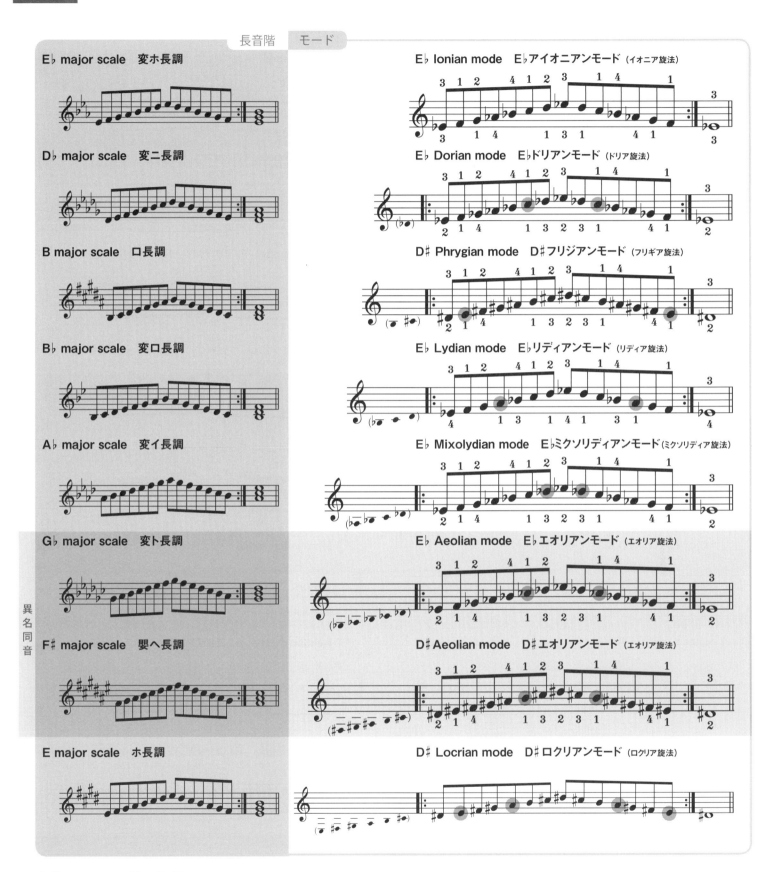

リディアンモードの作品

バルトーク／『ミクロコスモス第1巻』より第24番《パストラール》（D Lydian mode）
　　　　　　『ミクロコスモス第2巻』より第37番（F Lydian mode）

F♯ を中心音とするモード

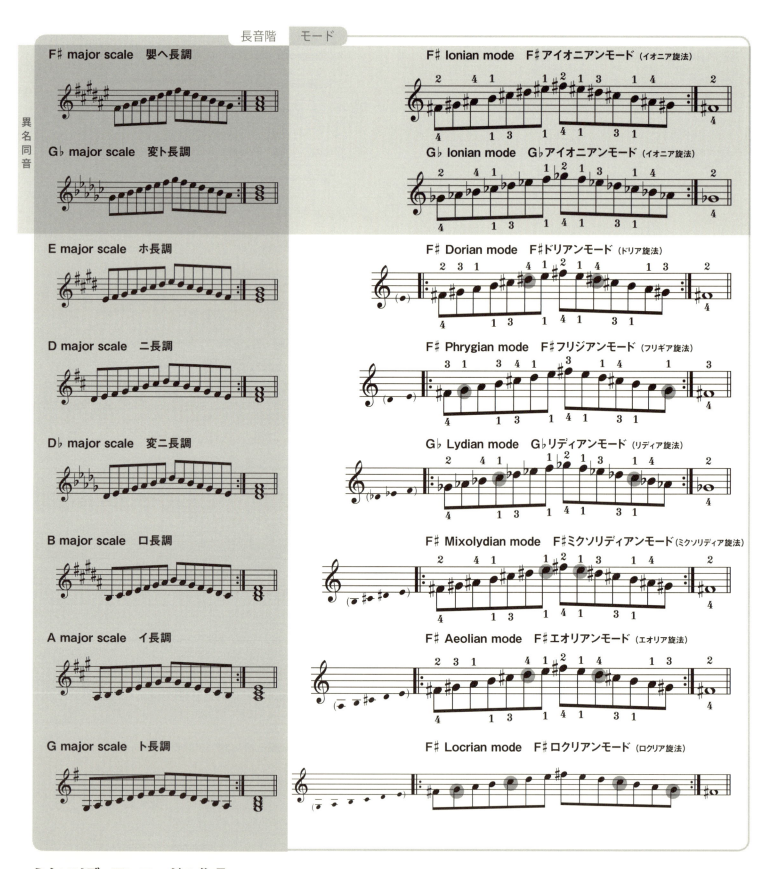

ミクソリディアンモードの作品

サティ／《ジムノペディ第2番》（一部 G Mixolydian mode）

バルトーク／『ミクロコスモス第1巻』より第15番《村人の歌》
（D&A Mixolydian mode）

『ミクロコスモス第2巻』より第48番（G Mixolydian mode）

『ピアノランド④』より《ペンギン ペンギン》
（C Mixolydian mode）

『ピアノランド⑤』より《月夜の晩のおながざるの踊り》
（G Mixolydian mode）

樹原涼子／『夢の中の夢』より《バリエーション》
（E♭ Mixolydian mode）

A♭ を中心音とするモード

G♯ 異名同音

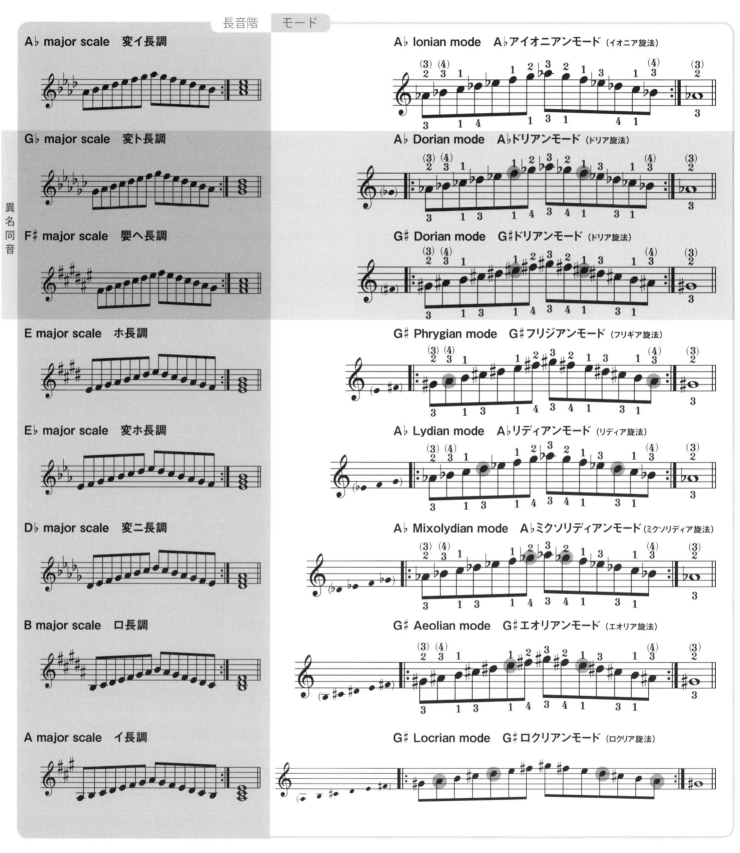

エオリアンモードの作品

吉松隆／『優しき玩具第1集』より《イースタン氏の恋の歌》
（E Aeolian mode）

『ピアノランド②』より《ほしのたびびと》（G Aeolian mode）

『ピアノランドコンサート⊕』より《なつかしいカノン》
（A Aeolian mode）

樹原涼子／『こころの小箱』より《君に伝えたいこと》
（A Aeolian mode）

樹原涼子／『こころの小箱』より《忘れないよ》（D Aeolian mode）

樹原涼子／『夢の中の夢』より《光る川》（D♯ Aeolian mode）

樹原涼子／『やさしいまなざし』より《森を吹き渡る風》
（E Aeolian mode）

B♭ を中心音とするモード

A♯ 異名同音

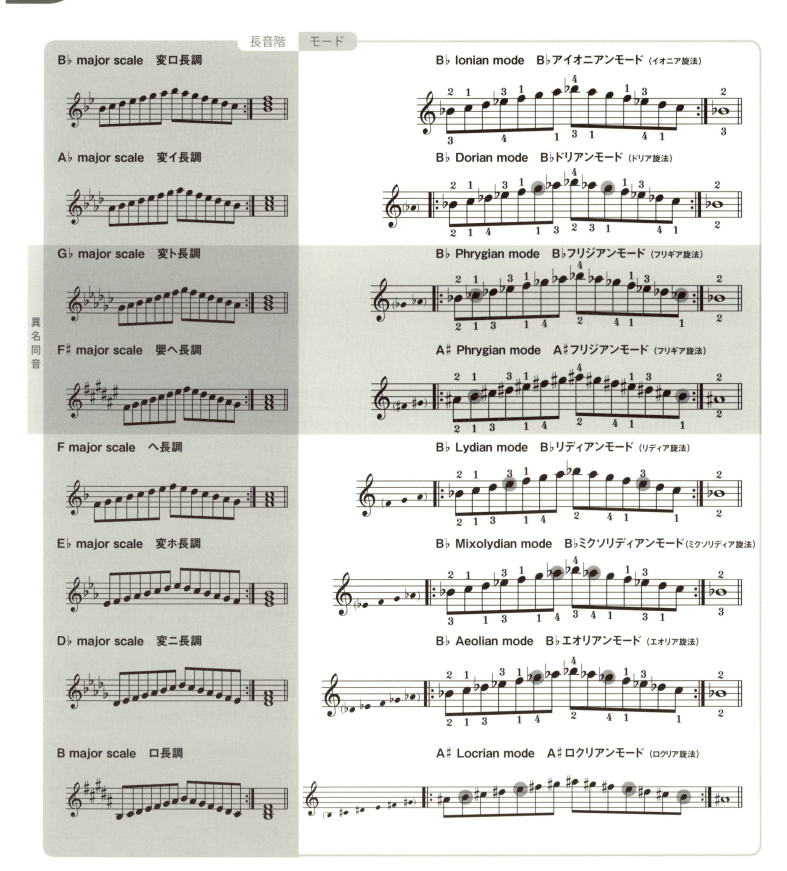

ロクリアンモードの作品

バルトーク／『ミクロコスモス第2巻』より第63番《虫の羽音》（F♯ Locrian mode）

その他、ドビュッシー、ヒンデミット等が使用しているが、あまり美しい音列ではないことから、他の旋法ほどは用いられていない。

コード＆アルペジオの練習方法

50、51p で、C を根音とする使用頻度の高い 12 種類のコード＆アルペジオの練習をします。
52p からは楽譜を簡略化してありますが、C と同じ要領で取り組みましょう。楽曲の素材であるコード＆アルペジオをマスターして、楽曲分析、演奏のクオリティを上げましょう。
手の大きさ、形、指の長さ、柔軟性等は個人差が大きい上、指づかいには様々な可能性があります。どのようなことに着目すれば、自分にあった指づかいが発見しやすいか、下記のヒントを参考に、コード＆アルペジオの指づかいを自分でも考えてみましょう。
年齢、理解度、手の発達に応じて練習課題を選んでください。

ステップ1 白鍵を根音とするコードで 1、2、6。アルペジオは三和音だけ。
ステップ2 黒鍵を根音とするコードも 1～4、6。アルペジオは四和音も。
ステップ3 1～6 すべてを弾く。5 を楽しんで!

1 コード基本形 （1 小節め）

右手根音は 1、左手根音は 5 の指を用意する。

一番音程が遠いところを右手は 5、左手は 1 でつかみ、その内側は、最も自然に鍵盤に下りた指をつかうとよい。黒鍵に 1 や 5 がきてもよい。手が大きい人は外側を 3 や 4 でとってもよい。

四和音は、無理のない指づかいで脱力して同時に打鍵する。まだ手が小さくて届かない場合は、四和音を両手で 2 音ずつ（3 音と 1 音でもよい）分けて弾いて、コードの響きを覚え、アルペジオも両手クロスハンドで弾く。

2 コードのポジション移動 （2 小節め） 52p 以降も行う

基本的に、コードの指づかいのまま、1 オクターヴ上下の同じコードに移動する練習。

3 アルペジオ〈かぶせる、くぐらせるポジション移動を使う〉（3 小節め） 表紙裏のリズム練習も!

手が小さい場合は、コードの基本形と全く同じ指づかいでもよい。つまり、135135～というように 5 の下を 1 がくぐる（1 の上に 5 をかぶせる）という指づかいも可能。四和音も同じ。右手は最高音で 5 の上に 4 をかぶせる、黒鍵から白鍵に 5 の指ですべり降りる運指も可能。手が大きい場合でも、音型を観察して、34 等広がりにくい指が狭い音程を担当する、黒鍵には長い指を、かぶせるくぐらせるときには、白鍵には 1 の指を置く等、手に負担をかけない指づかいを考える。

4 コード転回形のポジション移動 （4 小節め）

手が小さい場合は、コードの基本形と同じ原則で考え、音型によって効率のよい指づかいを考える。

手が大きい場合は転回形を 2 つのセットで考え、例えば右手なら〈123 → 235〉とオクターヴ内を共通の指でつなぐように分けた指づかいで弾く。折り返すときには 3 つのコードを 1 つのポジションでつかむことになる。

5 コード転回形をアルペジオで自由に遊ぶ練習 （5 小節め） 52p 以降も行う　表紙裏のリズム練習も!

4 小節めの指づかいを参考に、手の大きさに応じた指づかいを考える。毎回 1 や 5 の指でポジションを変える、あるいは、隣り合ったコード（音型）を 1 つのポジションで弾くことも可能。折り返しや繰り返しをするときには、少し先の音型に応じた準備が必要なので、先を見ながら考えられるように。なお、手首を固めないで柔軟に移動すること。

演奏しているコードが何であるかを常に忘れず、コード感を持って響きを聴きながら練習すること。*in tempo* でドライブ感を持って弾く。この小節は 1 つのコードをどのようにほぐして見せるかという可能性を示しており、アドリブ、即興演奏、作曲等のヒントとなる。根音 C のコードを充分マスターしたら、各調で弾く。様々な指づかいを考え、アルペジオで自由に遊び、クリエイティブな練習につなげていく。

6 根音 （6 小節め）

最後は、コードの根音に戻り、コードを支える音をよく味わって弾く!

Cを根音とするコード&アルペジオ

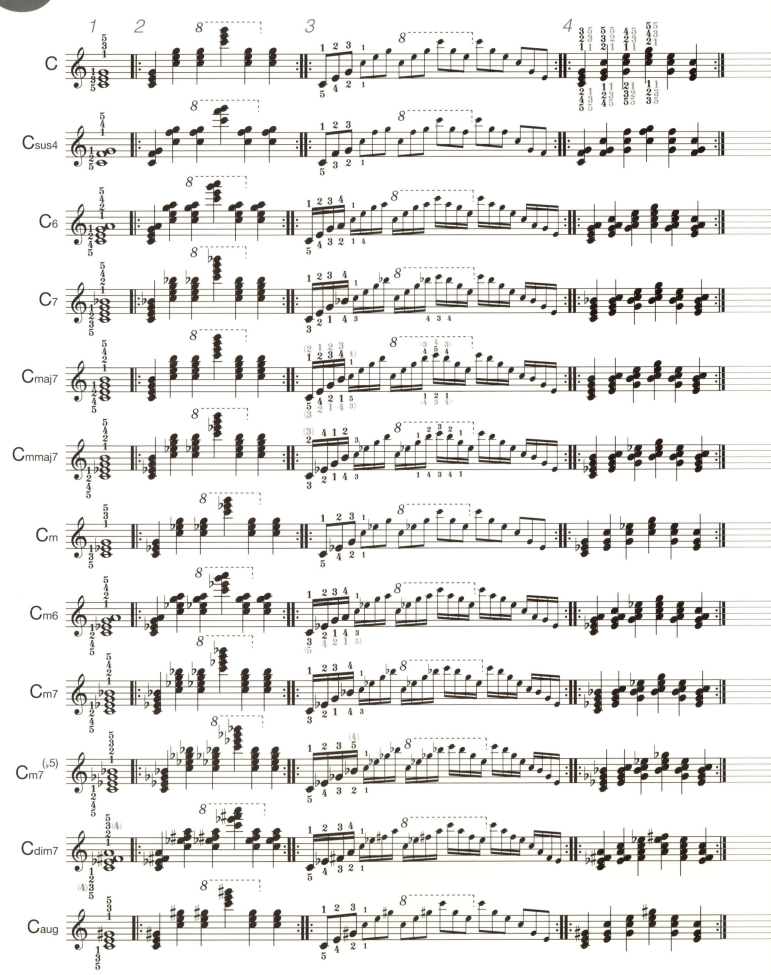

※1 左手は1オクターヴ下げて弾く

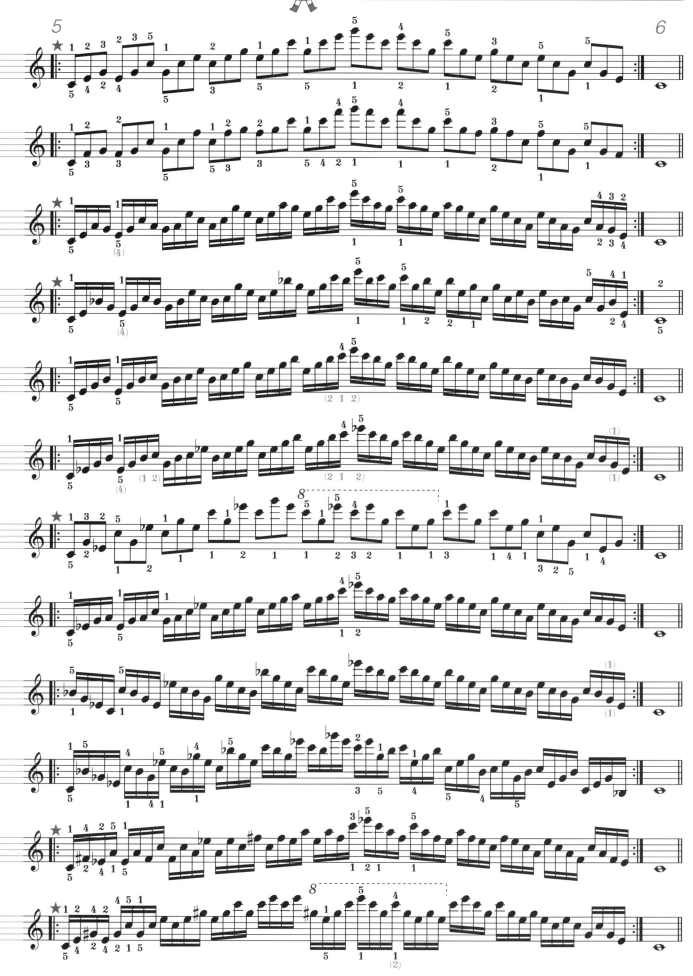

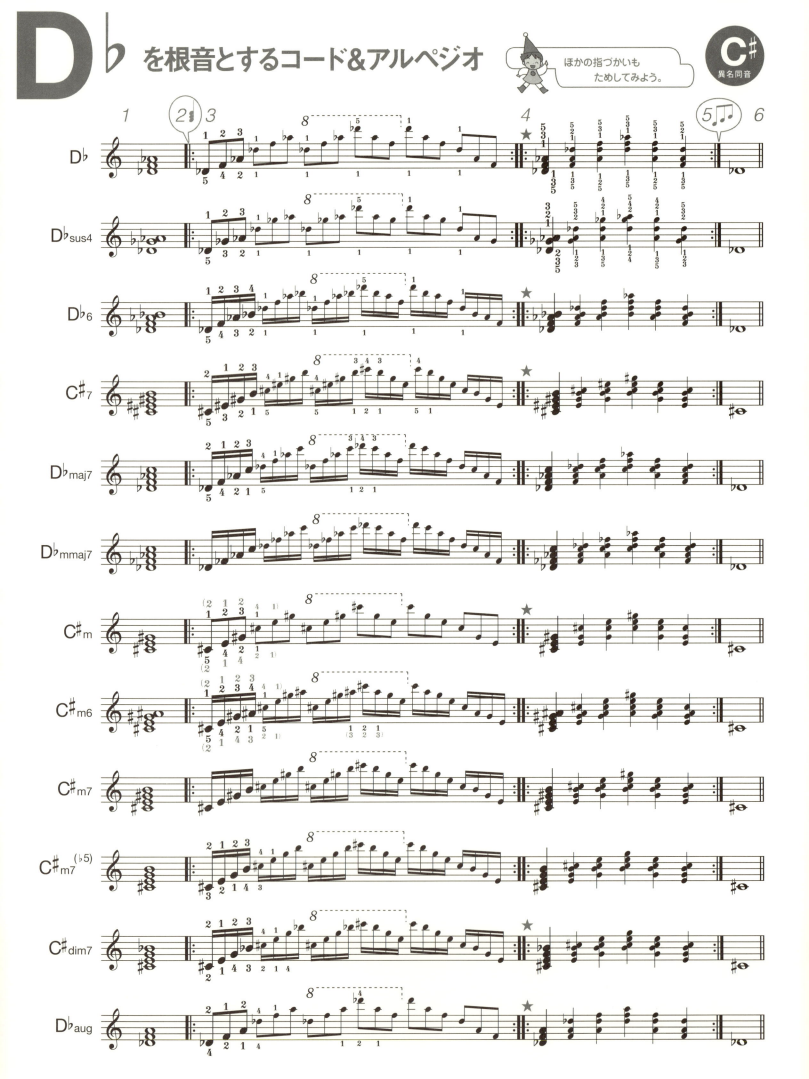

D を根音とするコード&アルペジオ

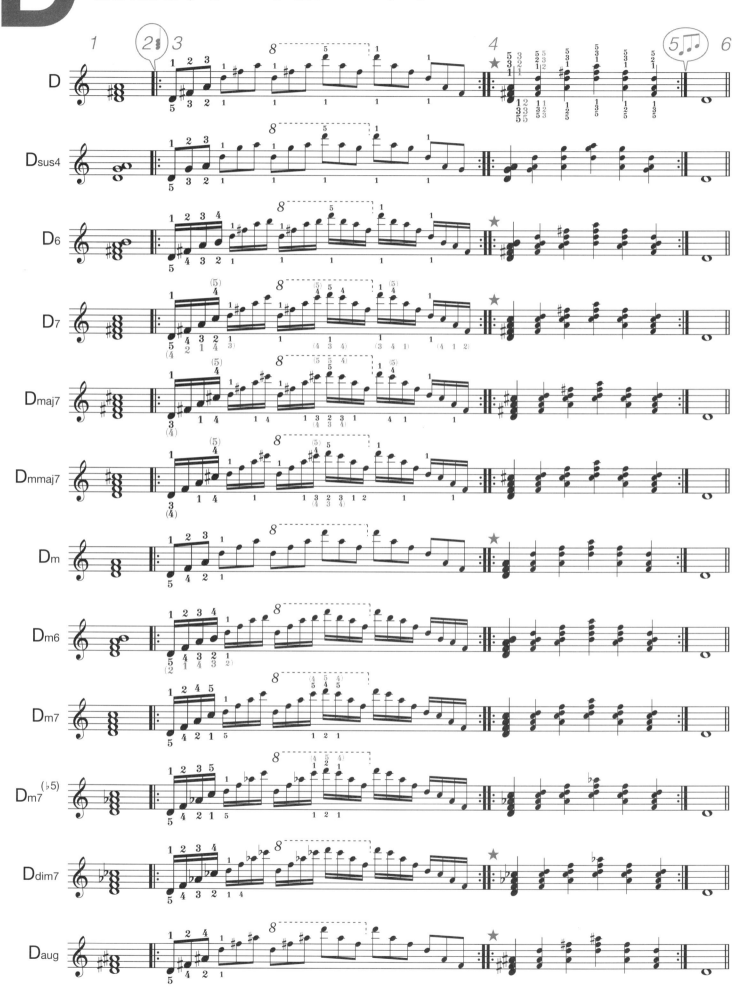

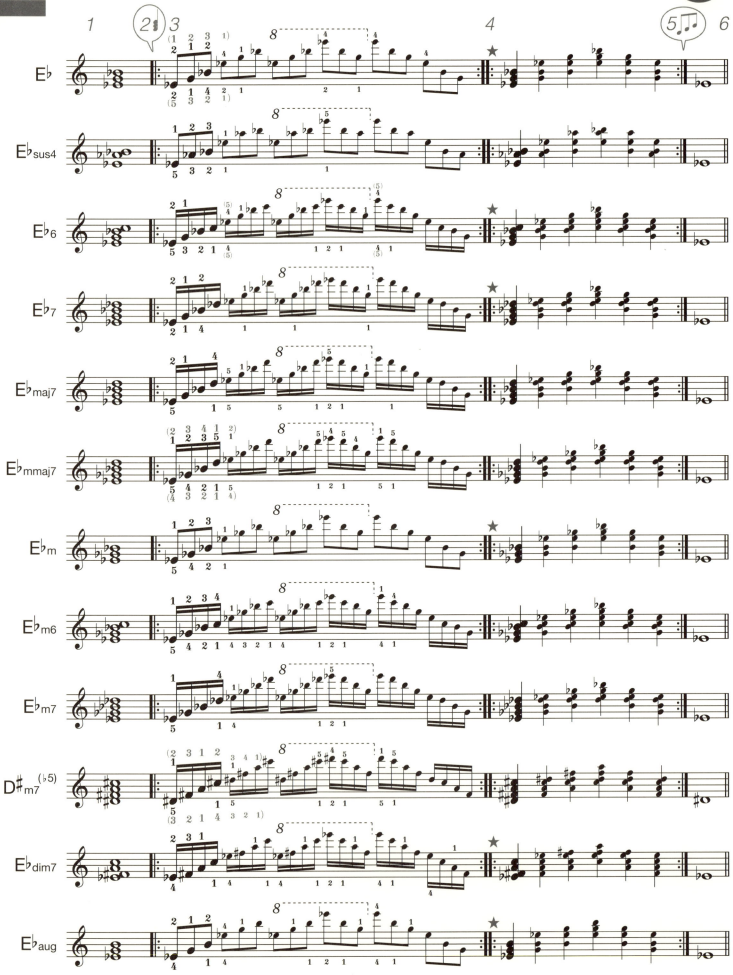

E を根音とするコード&アルペジオ

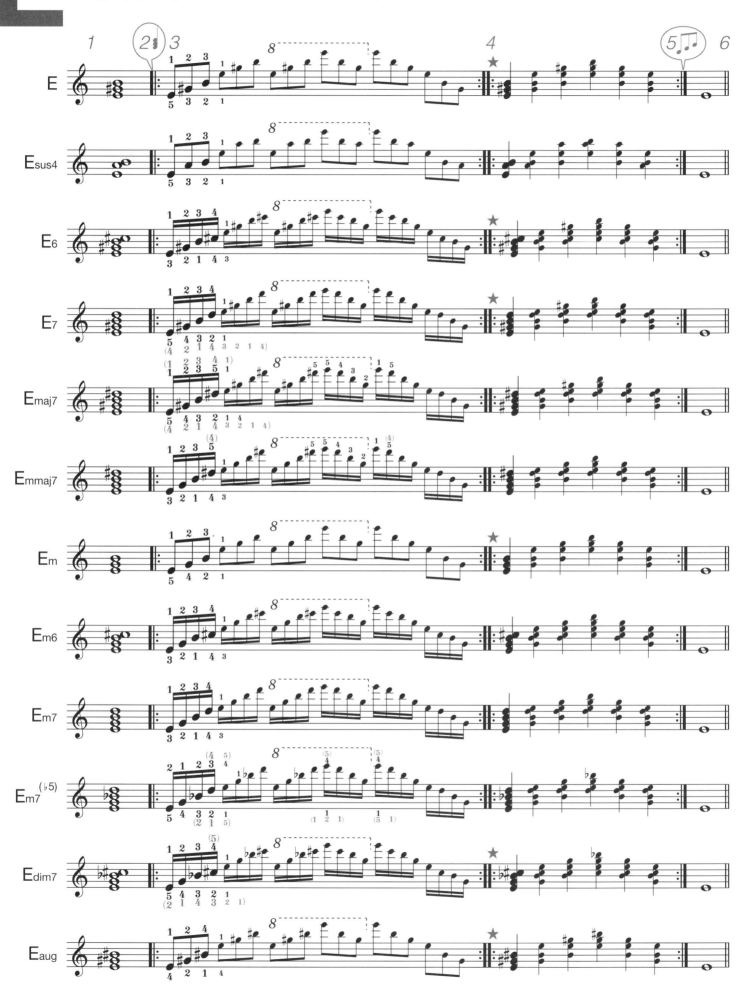

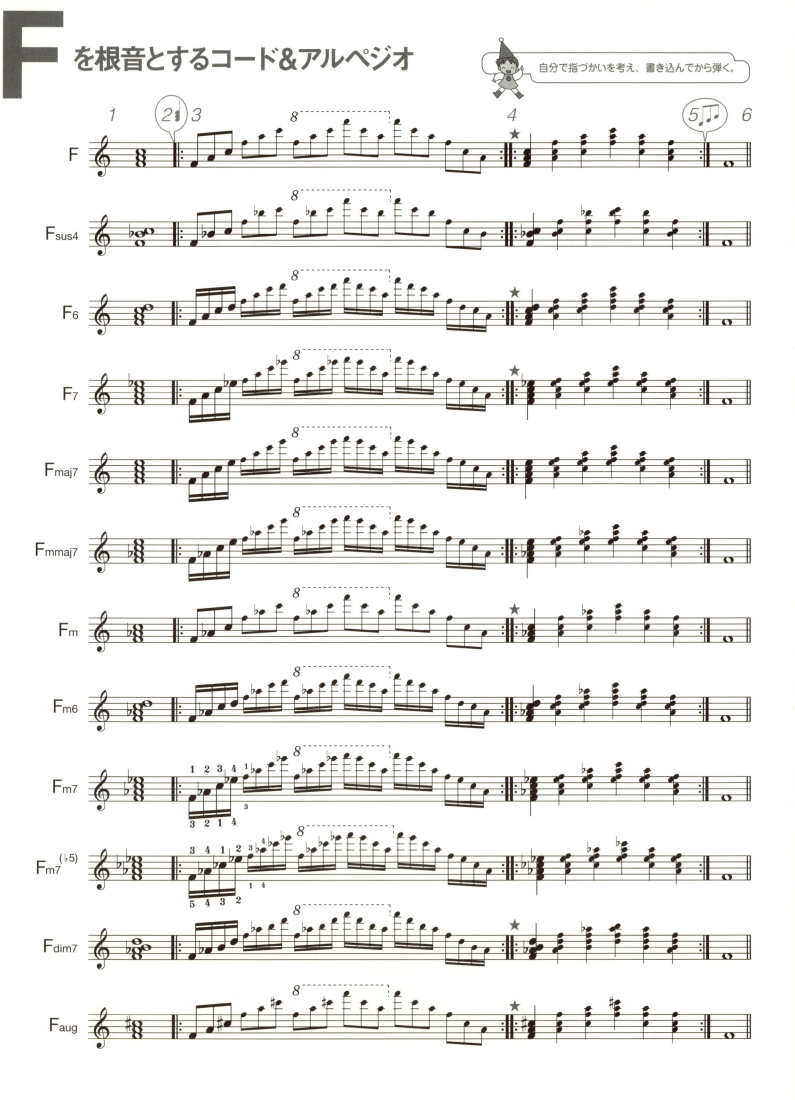

G♭ を根音とするコード&アルペジオ

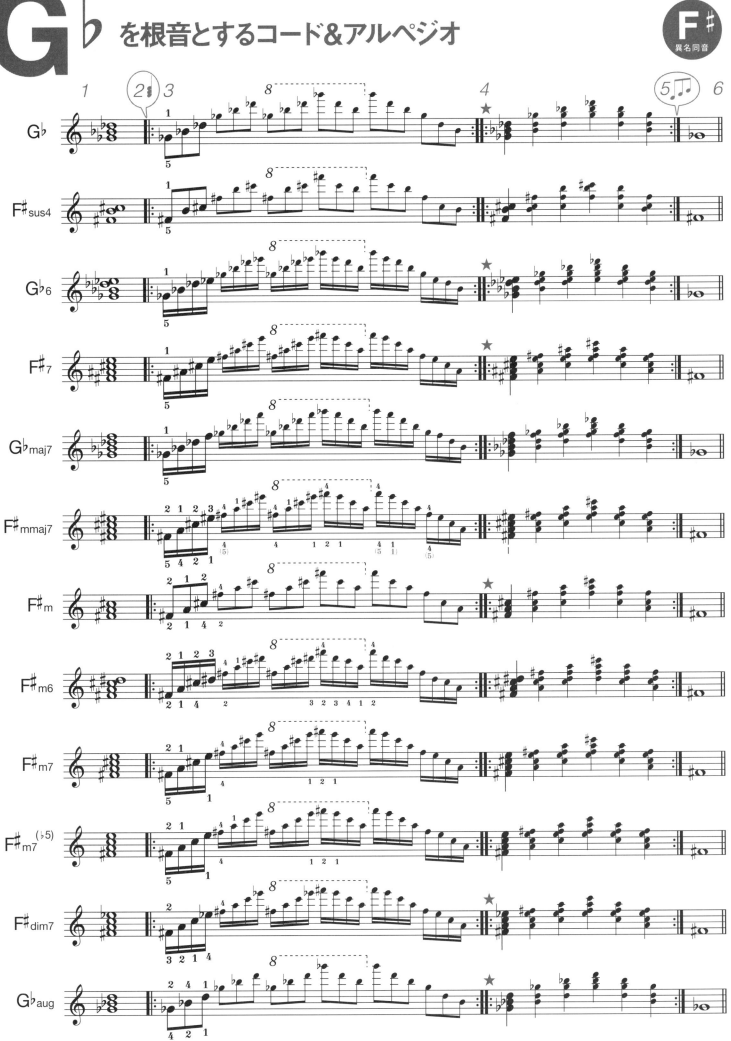

Gを根音とするコード＆アルペジオ

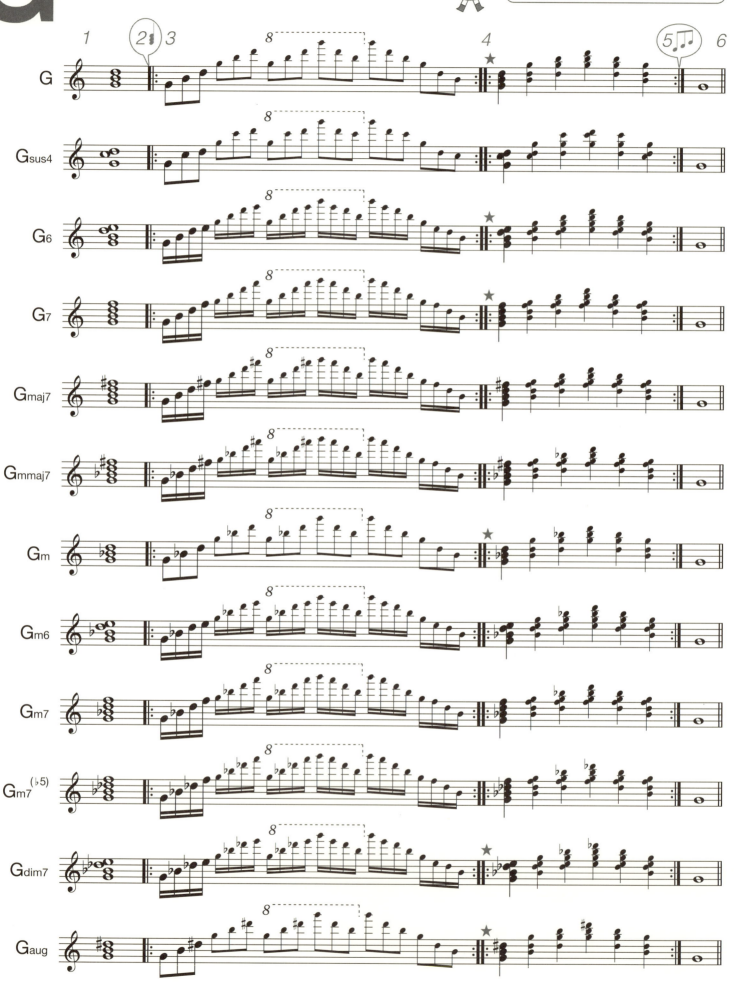

A♭ を根音とするコード&アルペジオ

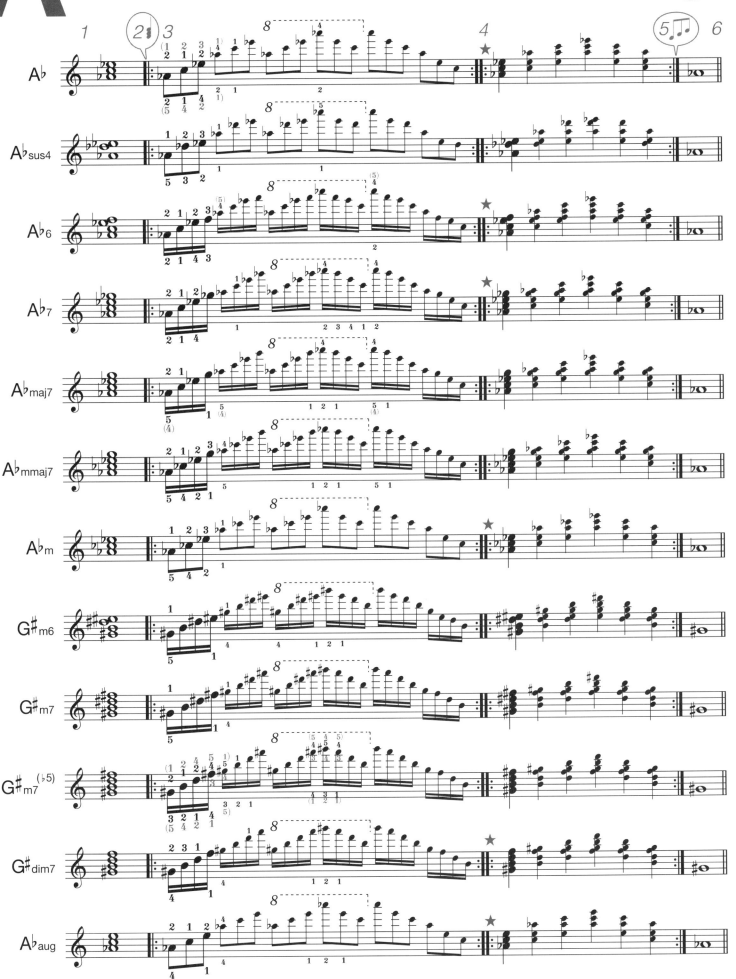

A を根音とするコード＆アルペジオ

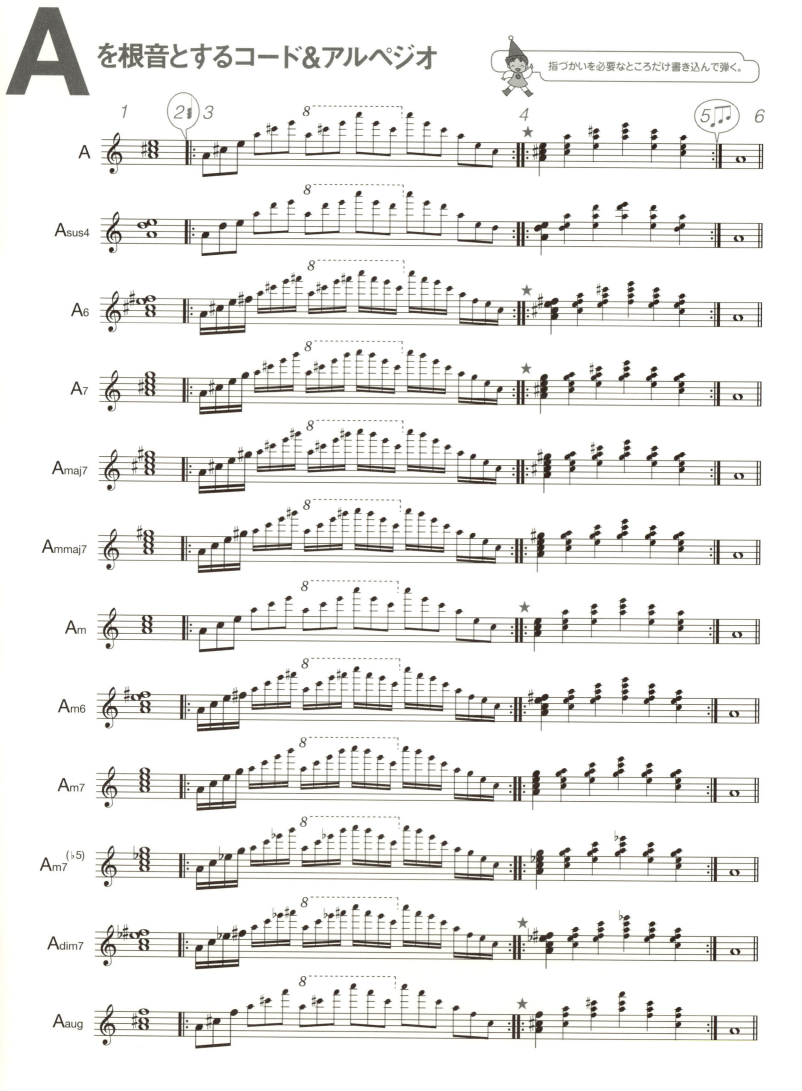

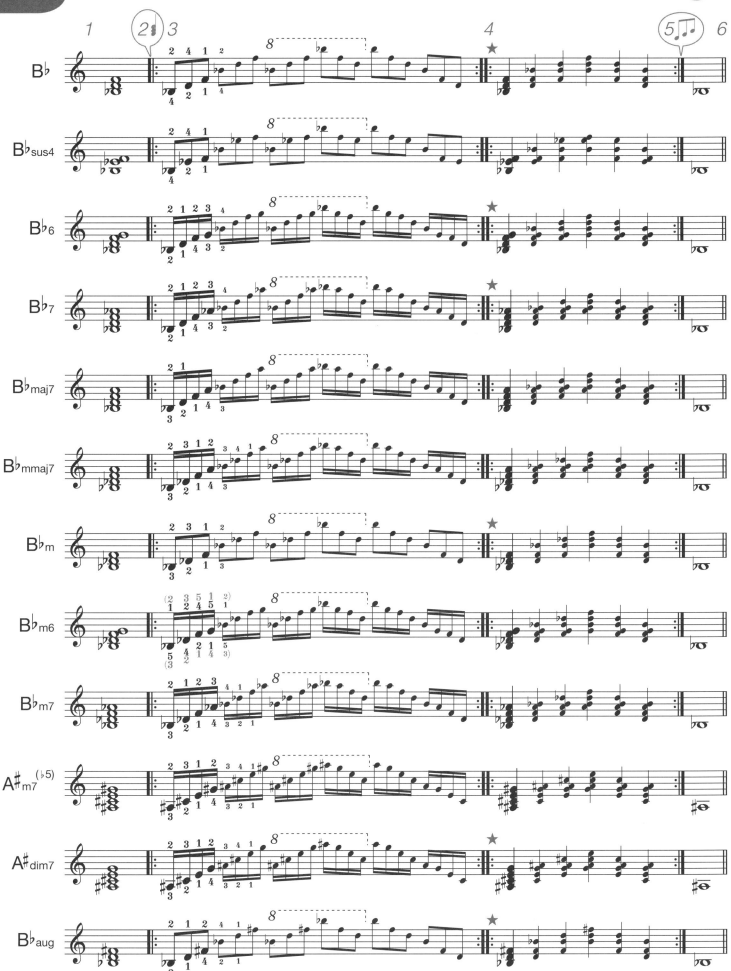

B を根音とするコード&アルペジオ

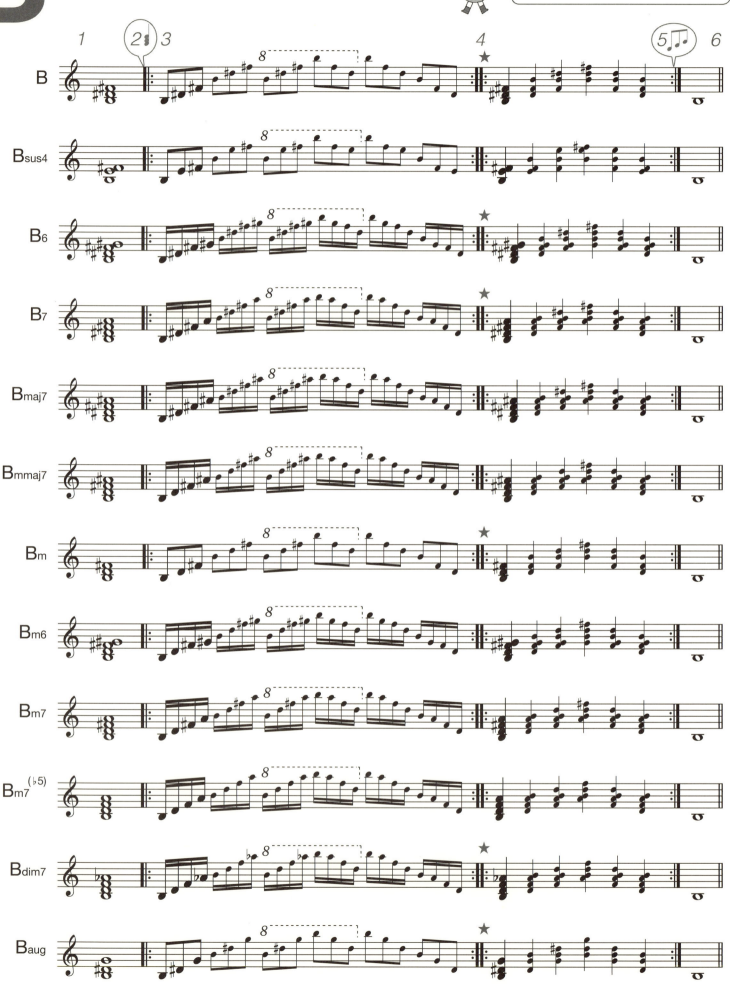

ピアノランド『スケール・モード・アルペジオ』チェック表

※ リズムのヴァリエーションや「光と影」など学習の進捗度チェック、また練習で気づいた注意点メモなど、ご自由にお使いください。

スケール

長調		短調	
C		Am	
G		Em	
D		Bm	
A		F♯m	
E		C♯m	
B / C♭		G♯m / A♭m	
G♭ / F♯		E♭m / D♯m	
D♭ / C♯		B♭m / A♯m	
A♭		Fm	
E♭		Cm	
B♭		Gm	
F		Dm	
半音階		ディミニッシュトスケール	
全音音階		その他のスケール	

モード

C	
D	
E	
F	
G	
A	
B	
D♭ / C♯	
E♭ / D♯	
F♯ / G♭	
A♭ / G♯	
B♭ / A♯	

コード＆アルペジオ

C	
D♭ / C♯	
D	
E♭ / D♯	
E	
F	
G♭ / F♯	
G	
A♭ / G♯	
A	
B♭ / A♯	
B	

樹原涼子 （きはらりょうこ｜Lioko Kihara）

熊本市生まれ。武蔵野音楽大学器楽学科ピアノ専攻卒業。ピアノを故八戸澄江、故有馬俊一、白石百合子の各氏に、ジャズピアノ、編曲、音楽理論を故八城一夫氏に師事。1991年より順次出版されたメソッド『ピアノランド』はベスト＆ロングセラーとなり、ピアノ教育界で高い評価を得ている。現在、作曲、執筆のかたわら、セミナー、コンサート、公開レッスン、マスターコース、樹原涼子のコード塾、音楽大学での特別講義などを通じて、ピアノ教育界に新しい提案と実践を続けている。

2002年発表の『プレ・ピアノランド』は"二段階導入法""カウンセリングレッスン"を実践できる幼児用の教本として圧倒的な支持を得、全国各地に講師を派遣して勉強会を開催。また、ピアニスト小原孝氏をゲストに、毎夏ピアノランドフェスティバルを開催、子どもたちの演奏や作曲の公開レッスンを行い、感性教育に力を入れている。開発したミュージックデータは、フロッピー、USBメモリーを経て、現在はオントモ・ヴィレッジにてダウンロードで好評発売中で、子どもたちのテンポ感リズム感育成に効果を上げつづけている。

2014年8月発刊の『耳を開く聴きとり術 コード編』（音楽之友社）では、音楽の聴き方を深める新たな聴き方のメソッドを開発、ムジカノーヴァ連載中から話題となり、ピアノ指導者の間で急速に広まっている。

NHK教育テレビ「芸術劇場」では、「バイエルに替わる進化するピアノ教則本」としてピアノランドが取り上げられた他、「ヒミツのちからんど」などにも出演。2014年7月のNHK「ラジオ深夜便」出演でピアノランドメソッドが話題となる。

近年は次々にピアノ曲集を発表、2011年『こころの小箱』、2012年『夢の中の夢』、ピアノ連弾のための『ラプソディ第1番』、2013年『やさしいまなざし』、2017年『風 巡る』（いずれも音楽之友社）、日本人としてのアイデンティティを持った作品と高く評価されている。

作詞作曲演奏活動も活発に行い、歌のCD「ギリシャ神話のように」の他"The Four Seasons"の4枚のミニアルバムを発表。その楽譜集『樹原涼子"The Four Seasons"ベスト・セレクション』は、Jazzとクラシックの架け橋となる曲集＆理論書として高い評価を得る（2013年樹原涼子スタジオより再版）。

2013年発表の、樹原涼子ピアノ曲集CD『こころの小箱』（2枚組『夢の中の夢』『ラプソディ第1番』も全曲収録）、小原孝氏とのユニット"HARA HARA倶楽部"のCD『風はどこから』も好評発売中。

ゲーム音楽も手がけ、桝田省治氏の名作「リンダ3」「俺の屍を越えてゆけ」「俺の屍を越えてゆけ♯R」などの音楽を担当、主題歌「花」他、多くの曲が愛されている。

著書に『ピアノランド①〜⑤』『ピアノランドたのしいテクニック上⊕下』『プレ・ピアノランド①〜③』『ピアノランドコンサート上⊕下』、DVD『ピアノランドの世界〈基礎編〉〈実践編〉』、書籍『ピアノを教えるってこと、習うってこと』『もっとピアノが好きになる！ 樹原涼子からあなたへ"贈る言葉"300選』(以上音楽之友社)、『ピアノを弾きたいあなたへ』（講談社＋α文庫）、『樹原家の子育て』（角川書店）他。

公式webサイト 「ようこそピアノランドへ」で検索
樹原涼子ツイッター　@ LiokoKihara
樹原涼子公式Facebookページ　http://www.facebook.com/LiokoKiharaOfficial

協力：樹原涼子スタジオ

ピアノランド　スケール・モード・アルペジオ

2016年8月10日　第1刷発行	著者　樹原涼子（きはらりょうこ）
2022年2月28日　第7刷発行	発行者　堀内久美雄
	東京都新宿区神楽坂6の30
	発行所　株式会社 音楽之友社
	電話 03(3235)2111(代)　〒162-8716
	振替 00170-4-196250
	http://www.ongakunotomo.co.jp/

451760

© 2016 by ONGAKU NO TOMO SHA CORP., Tokyo, Japan.

落丁本・乱丁本はお取替えいたします。
Printed in Japan.
本書の全部または一部のコピー、スキャン、デジタル化等の無断複製は著作権法上での例外を除き禁じられています。また、購入者以外の代行業者等、第三者による本書のスキャンやデジタル化は、たとえ個人や家庭内での利用であっても著作権法上認められておりません。

楽譜浄書：プレスト
表紙イラスト：藤本憲省
装丁／組版：佐藤朝洋
印刷：㈱平河工業社
製本：㈱誠幸堂